"中观经济学"系列丛书

政府与市场关系前瞻：中观经济学的视角

ZHENGFU YU SHICHANG GUANXI QIANZHAN:
ZHONGGUAN JINGJIXUE DE SHIJIAO

王方方　李宜达 ◎著

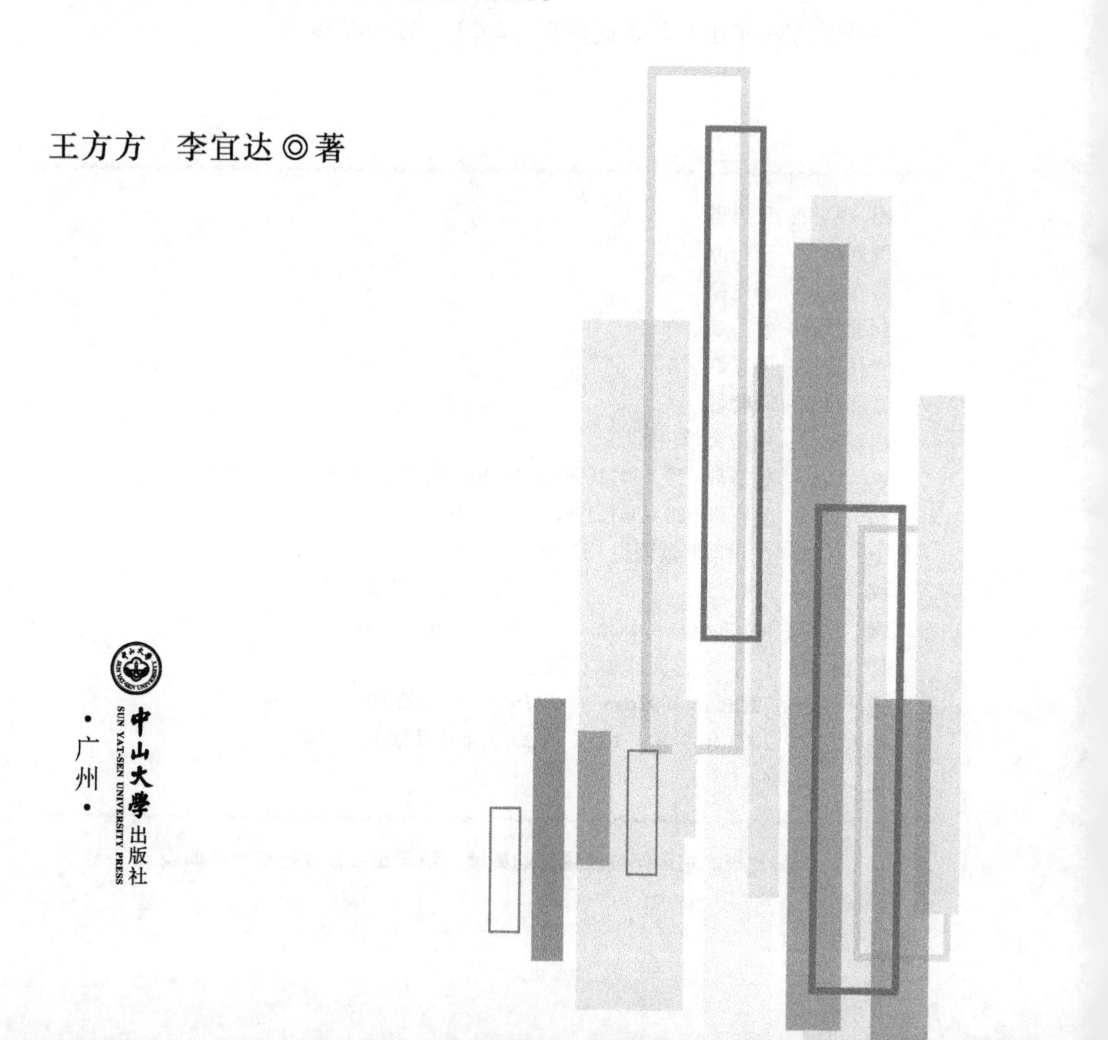

中山大学出版社
SUN YAT-SEN UNIVERSITY PRESS
· 广州 ·

图书在版编目（CIP）数据

政府与市场关系前瞻：中观经济学的视角/王方方，李宜达著．—广州：中山大学出版社，2023.9
（“中观经济学”系列丛书）
ISBN 978－7－306－07911－4

Ⅰ.①政…　Ⅱ.①王…　②李…　Ⅲ.①中观经济学—研究　Ⅳ.①F015

中国国家版本馆 CIP 数据核字（2023）第 178238 号

出 版 人：王天琪
策划编辑：李先萍
责任编辑：李先萍
封面设计：曾　斌
责任校对：潘惠虹
责任技编：靳晓虹
出版发行：中山大学出版社
电　　话：编辑部 020－84110771，84110283，84113349，84110779
　　　　　发行部 020－84111998，84111981，84111160
地　　址：广州市新港西路 135 号
邮　　编：510275　　　　　传　真：020－84036565
网　　址：http：//www.zsup.com.cn　E-mail:zdcbs@mail.sysu.edu.cn
印 刷 者：广东虎彩云印刷有限公司
规　　格：787mm×1092mm　1/16　12.125 印张　154 千字
版次印次：2023 年 9 月第 1 版　2023 年 9 月第 1 次印刷
定　　价：42.00 元

本书系国家社会科学基金一般项目“基于三维网络结构的我国区域平衡性发展动力机制研究”（项目号：20BJY063）的阶段性研究成果

本书的出版获广东省哲学社会科学重点实验室（广东财经大学）资助

序　言

政府与市场的关系问题，堪称经济学上的“哥德巴赫猜想”。中国政府与市场的有机结合造就了经济增长奇迹，这已成为海内外的共识。把中国正确处理政府与市场关系的实践经验上升为系统化的经济学理论，是现阶段经济学界的重要使命和任务。

中观经济学由陈云贤教授创立，旨在构建自主的经济学知识体系，为解决世界各国政府与市场关系难题提供新颖、有效的路径。笔者和王方方老师于2020年开始接触中观经济学。当我们阅读了中观经济学的相关著作之后，感到十分惊喜。我们在讨论过后一致认为，中观经济学是当前经济学领域一项富有见地的理论成果。陈云贤教授对经济学理论的创新与探索，也令我们备受鼓舞。我们于2021年在广东财经大学创立了中观经济学研究中心，也在2022年参加了陈云贤教授在中山大学岭南学院举办的“中观经济学”全国师资培训研讨会。近年来，我们也一直致力于从中观经济学的视角探索中国经济实践所蕴含的理论新知，并且形成了一系列研究成果。

不同于传统的产业与区域经济分析，中观经济学主要研究区域政府的经济行为及其结果，聚焦“资源生成”基础上的资源配置问题。“资源生成”是中观经济学的核心概念，即资源并不是给定的，而是可以变化的。这实际上是对经济学理论的重要创新。传统的经济学分析都是在给定约束条件下进行求解，这样决策就变成了一个计算问题。然而，过去几百年，人类的进步正是源于对资源的有效开发和重新定义。例如，山体被开发后才能成为经济资源；最开始石油被认为是自然垃圾，而后照明灯、内燃机、汽车等出现，石油才被视为资源。另外，对于建设周期长、前期投资额大、成本高且市场小的高风险型领域，企业通常没有魄力、动力以及实力去投资，因此，在客观上政府成为该类资源开发的第一投资人。

中国的经济实践表明，政府已经成为现代市场经济中的重要参与者和竞争者，并且有超前引领作用。政府的超前引领主要可从两个层面进行认识：①中观层面。超前引领表现为区域政府对可经营性资源、非经营性资源以及准经营性资源进行前瞻性布局。②宏观层面。超前引领表现为“党定调—政府引导—市场决定”的中国特色宏观调控模式。与此同时，应当认识到的是，超前引领并不意味着政府可以替代企业家进行决策，而是应当更加尊重市场经济规律。按照中观经济学的观点，新时期的中国经济建设必须继续坚持市场的逻辑，明确市场在资源配置中的决定性作用，不断加强产权保护和改善营商环境。

中观经济学强调应将“区域”纳入政府与市场关系理论的分析框架，并构成政府与市场经济学理论的三维系谱。现阶段，中国正在加快构建双循环新发展格局，并且将其细化为一系列具体部署，包括城市群与都市圈建设、全国统一大市场建设等。事实上，无论是城市群与都市圈的建设，还是全国统一大市场的建设，关键都在于从“区域先行”着眼，进行政府与市场关系的调整与布局。而当前中国区域发展面临的主要是区域市场分割等问题。因此，在双循环新发展格局下，改革的突破口在于打破区域市场分割，推动市场要素自由流动。

在新冠疫情和世界百年变局双重问题叠加之下，全球诸多国家争先将经济发展重点放在培育和建设数字经济上，而中国在重塑内外循环发展框架的同时，也正致力于以数字经济构筑未来经济发展的新引擎。因此，未来我们要重视数字时代赋予中观经济学的新内涵，助推中观经济学和数字经济研究的有机融合。

本书主要汇集了笔者和王方方教授近两年来关于中观经济学研究的代表性成果。我们的研究秉持着这样一个基本理念：中国经济体制改革的核心问题，归根到底是政府与市场的关系问题。那么，政府是如何发挥作用的？该如何认识市场的决定性作用？在新发展阶段下，中国的经济改革该走向何方？本书试图从中观经济学的视角回答这些问题。

李宜达

2022 年 11 月于汕头

目录

第一篇

政府与市场关系：实践探索与理论前瞻

党领导政府与市场关系建设的经验及启示[①]

李宜达

摘 要 新中国成立以来，中国共产党对政府与市场关系的探索，经历了“中央统筹＋计划手段”—“市场开放＋国家调节”—“市场融合＋政府调控”—“市场有效＋政府有为”的阶段变迁。在党的领导下，我国有效突破政府与市场、公平与效率双重二元对立的西方传统经济学局限，在发展中统筹公平、效率、安全，走向政府、市场、区域三者协调整合的“辩证法”，创造了举世瞩目的“中国奇迹”。立足于中国道路，“党的领导”应被纳入政府与市场辩证关系的中国经验之中，形成具有中国特色的政府与市场经济学理论的三维系谱。

关键词 党的领导；政府与市场；区域平衡

一、党对政府与市场关系探索的历程与阶段

对于“中国奇迹”的探索，学界一般以1978年的改革开放作为分析的时间起点，并且以历次党代会重要决议和报告的政策

---

① 原载于《学习月刊》2021年第9期。

性表述转变来划分经济体制改革实践的历史阶段。然而，对于回顾和总结政府与市场关系探索的中国特点与中国经验，有以下两点需要注意：第一，不能抛开改革开放前的积极探索去理解我国政府与市场关系，这样的分析容易造成对改革开放前后两个时期经济实践历史的割裂；第二，不能忽略每一代中国共产党人的时代特点去理解我国政府与市场关系，只有正确认识中国共产党人与时俱进的时代观，才能科学把握不同政策性话语的意义导向。基于此，下面笔者从1949年新中国成立以来的历史情境中，梳理历代中国共产党人关于政府与市场关系的探索实践成果。

（一）第一阶段（1949—1978年）："中央统筹+计划手段"，以政府代替市场，协调经济发展

新中国成立之初，高度集中统一的经济体制充分调动了各种资源和技能，对社会主义改造时期的经济建设发挥着至关重要的作用。从1949年新中国正式成立至1956年社会主义改造基本完成，我国以生产资料公有化和配置权限集中化实现了政府对市场的逐步替代。在这一过程中，市场概念逐渐弱化而后作用式微，政府权力不断强化从而支配经济。单一的公有制和计划手段促成了"全能型"政府的形成，而这样的集权式政府能够从国家总体发展战略和经济社会主要矛盾出发，最大限度地将资源和要素配置到生产生活的重点领域，有利于当时新中国在生产力水平较低的情况下，依然能够通过整合社会力量的方式在较短时间内逐步构建起国家工业体系的基本框架，为中国之后的经济发展提供物质基础和战略保障。与此同时，过度集中的经济支配权也导致了地方经济发展缺乏活力且发展不平衡性问题日益凸显。毛泽东同志逐渐意识到这一经济体制的历史局限性，主张立足于中国基

本国情调整政府对于经济的作用模式。1956 年，在《论十大关系》一文中，毛泽东从工业与农业的关系、沿海与内地的关系以及中央与地方的关系三个维度论述了协调经济发展的战略思考，认为要采取两手并举的方式推进经济综合平衡发展。[①] 同年，中共八大正式确立了既反保守又反冒进的综合平衡发展路线。1957 年，在《关于正确处理人民内部矛盾的问题》一文中，毛泽东指出应该有针对性地学习世界先进经验，主张要走出一条与中国国情相符的工业化道路。[②] 初步探索社会主义建设道路主要明确了政府在经济社会网络中的主体地位，强调充分发挥政府的统筹协调能力，在生产力布局上坚持“全国一盘棋”，实施宏观经济的综合平衡发展战略。尽管计划经济体制工作存在诸多需要完善之处，但毋庸置疑的是这一时期所构建的经济发展基本架构为改革开放以后所进行的一系列战略部署和经济改革提供了现实基础与物质保障。

（二）第二阶段（1978—1992 年）：“市场开放 + 国家调节”，政府放开市场，释放经济活力

1978 年党的十一届三中全会以后，以邓小平同志为主要代表的中国共产党人，从中国基本国情出发，推行以市场化为导向的渐进式改革，通过市场开放、贸易自由为经济发展注入活力。1982 年，党的十二大采取“主辅论”观点，提出“计划经济为主，市场调节为辅”。1984 年，党的十二届三中全会明确指出商品经济的充分发展是经济社会发展不可逾越阶段，提出发展

---

① 参见中央文献研究室编《毛泽东文集（第七卷）》，人民出版社 1999 年版，第 25－26 页。

② 参见中央文献研究室编《毛泽东文集（第七卷）》，人民出版社 1999 年版，第 242 页。

“有计划的商品经济”。由此，我国对市场的理解和定位开始清晰并逐渐深化。1987 年，党的十三大采取“调节论”观点，提出建立“国家调节市场，市场引导企业”的经济体制。这一政策性话语背后是价格、金融以及流通机制等各方面原创性改革实践的迅速开展。1989 年，党的十三届三中全会采取“结合论”的观点，提出“计划经济与市场调节相结合”。1992 年，邓小平南方谈话强调“社会主义也有市场，计划和市场都是经济手段”的深刻认识，这标志着中国以市场经济为发展方向的经济体制改革步伐开始全面加快。同年，党的十四大明确建立社会主义市场经济体制的改革目标，提出使市场在资源配置中起基础性作用。在一定程度上，对商品贸易、民营经济的开放改变了传统经济社会以政府为资源信息流动中介的单一网络结构，使大量经济要素资源从政府网络中脱离并进入市场交易之中，进而催生出一系列商贸平台、市场中介。改革开放初期“摸着石头过河”的渐进式改革方式本质上是通过调整和变革与社会生产力发展不相适应的体制机制，解放被传统体制束缚的生产力，逐步扩大市场半径，促进国内分工网络的深化，以点带线、带面逐步构筑国内商贸流通网络的基本框架。

（三）第三阶段（1992—2012 年）：“市场融合 + 政府调控”，政府服务市场，推进经济布局

改革开放以来，空间发展理念逐渐形成并不断得到强化，通过空间力量的牵引推动区域市场的不断融合和专业分工的逐渐深化。在政府与市场辩证关系的原有实践探索基础上，区域概念被纳入其中，并且逐步演变为政府、市场与区域的三维系谱。1997 年，党的十五大明确提出要“发挥各地优势，推动区域经济协

调发展”。此后，针对中国东西部区域经济发展不平衡问题，国家做出实施西部大开发战略的重大决策。以江泽民同志为主要代表的中国共产党人，致力于从空间战略规划入手为构建区域市场分工网络谋篇布局。2001年，中国正式成为WTO（世界贸易组织）成员国，以市场经济为基础的WTO多边贸易体制极大地促进了我国社会主义市场经济体制改革，区域市场开放进入高速发展的新阶段，市场在资源配置方面发挥着日益重要的作用。2002年，党的十六大之后，以胡锦涛同志为主要代表的中国共产党人，着眼于政府在协调区域市场发展水平方面的重要调节作用，提出振兴东北地区等老工业基地、促进中部地区崛起的奋斗目标。2007年，党的十七大继续明确了以“西部大开发、振兴东北、中部崛起、东部率先发展”为核心内容的区域发展总体战略，此后于2011年开始实施主体功能区战略。在这一时期的经济探索中，空间的力量受到空前关注，促进区域市场发展政策的出台呈现出前所未有的密集程度。先天要素禀赋与地理区位特征赋予了不同地区的比较优势，决定了缺乏先发优势的落后地区必然面临着区内要素从本地流出而向区位优势明显的发达地区集聚的现象，这是经济规律使然。为了缓解市场自发作用下区域发展差距带来的阵痛问题，就需要政府以统筹区域市场协调发展的方式推进不同区域局部网络的形成和联结，通过盘活欠发达地区经济资源，将发达地区的“虹吸效应”逐步转化为对欠发达地区的“外溢效应”，推动地区间的合理分工与联动发展。

（四）第四阶段（2012年至今）：“市场有效＋政府有为”，政府市场互动赋能经济转型

党的十八大以来，以习近平同志为主要代表的中国共产党

人，立足于经济发展进入新常态的结构特点，锚定新时期中国经济发展新航标，为政府与市场关系发展进行了一系列全新的战略谋划。2013 年，党的十八届三中全会明确指出经济体制改革的核心是处理好政府与市场的关系问题，要使市场在资源配置中起决定性作用，同时也要更好地发挥政府的作用。这是一次关于政府与市场关系表述的重大理论突破，强调“看不见的手”和“看得见的手”是相辅相成、有机统一的关系。基于新时代的历史方位，党的十九大明确指出，人民日益增长的美好生活需要和不平衡不充分发展之间的矛盾，已成为新时代中国社会所面临的主要矛盾，涉及商贸、区域以及政府与市场等多个方面。进入新时代以来，无论是以供给侧结构性改革、高质量发展为导向的实体经济建设，还是以自贸区、城市群为重点的区域网络构建，抑或是以优化营商环境、更好服务市场为目标的政府体制改革，都呈现出前所未有的发展速度。其中，空间发展理念得到了空前强化，一系列区域发展重大战略相继出台，概括起来就是“三大城市群”（京津冀协同发展、长三角一体化、粤港澳大湾区）、“两大经济带”（长江经济带、黄河流域生态保护和高质量发展战略）以及“一带一路”倡议。由此，以政府与市场互动赋能区域经济发展的整体框架基本形成，对于引领和推进新时代中国区域经济从失衡逐步走向平衡具有重大意义。在世界百年未有之大变局下，中国经济呈现出更为显著的多层次网络特征，通过以内循环为主、外循环赋能，构建国内循环和国际循环的双轮驱动新格局，充分发挥地区间的平台优势与中介效应，着力打造平衡共享的商贸网络、要素流动的区域网络以及节点互联的政府网络，以市场、区域和政府三者的协调整合形成新时代中国经济高质量发展的合力。

二、 政府与市场契合发展的中国智慧

纵观中国共产党的经济探索历史实践，我国能够突破政府与市场、公平与效率双重二元对立的西方经济学传统局限，在发展中统筹公平、效率、安全，走向政府、市场、区域三者协调整合的“辩证法”，创造举世瞩目的“中国奇迹”，主要基于如下原因：第一，新中国成立初期，党领导搭建起的政府网络初步架构，为改革开放以后所进行的一系列战略部署与经济改革提供了重要支撑和现实保障。第二，党领导改革开放的不断推进和深化，促使大量要素资源从政府网络中脱离并进入区域市场交易之中，进而催生出一系列商贸平台、市场中介，形成了体制转轨框架下政府、市场以及区域的联动整合关系，构筑起基于社会主义市场经济体制下政府与市场的优势互补特征与协同发力机制。第三，党在领导建设区域市场的过程中，往往强调区域平衡发展和地区合理分工，善于从空间战略布局规划入手，为构建平衡协调的区域分工网络谋篇布局，将区域一体化发展蓝图落到实处。总体来说，改革开放以来，党对区域经济建设工作的领导，往往着眼于特定时期区域转型发展的全局性谋划和整体性推进，从政府、市场以及区域三个层次入手进行战略性布局，对于在区域发展中构筑起政府、市场以及区域三者协调联动的经济网络结构具有重大意义。

此外，改革开放至今，我国对于重大突发事件下经济冲击的有效应对，均离不开由党的领导所促成的政府与市场的高效配合及优势互补。在重大外部冲击发生之际，获取有效可靠的动态信息、发布及时准确的专家判断以及落实高效全面的治理方案，均

需要党强大的统筹安排能力作为基础性支撑。特别是当危机爆发时，党领导下的中国政府能够充分发挥利用举国体制集中力量办大事的独有优势，集结有限的社会资源进行高效危机应对与积极风险防控（谢富胜、潘忆眉，2020）。而对于经济冲击到来时产业之间所发生的结构性洗牌，市场参与稀缺资源配置的最大优势在于能够通过分散化的决策使碎片化的经济信息充分发挥作用，同时在党的引导下为特殊资源的配置提供补充和支持作用。例如，在2020年抗击新冠疫情的过程中，市场催生的新型共享模式成为配置和利用疫情中闲置资源的新思路。其中，“共享生产线”使闲置的生产线动起来，用于缓解物资供给的压力；“共享员工”使闲置的员工动起来，用于缓解配送运输的压力。因此，从2020年抗疫实践来看，正是在党的有力领导下，政府与市场在生产系统、物流系统以及社会公益系统中都有着出色表现。在应对重大突发事件的过程中，我国能够推进各类稀缺资源的有效配置与高效利用，从根本上来说是由党的领导所促成的政府与市场协调配合、相辅相成的积极结果。

三、坚持党的领导是我国政府与市场关系建设的重要启示

中国的经济建设积累了宝贵的实践经验，特别是在如何正确处理政府与市场关系的问题上，把实践经验上升为系统化的经济学理论，是未来经济学界的使命和任务（李稻葵，2019）。关于政府与市场经济学的构建，改革开放以来我国进行了一系列艰难探索，现阶段主要面临两大难题：其一，政府与市场经济学理论创新遇到瓶颈。目前贯穿中国特色社会主义初级阶段的政府与市场经济学还未适应新时代的需要，应加速理论创新。其二，政府

与市场经济学理论构建面临诸多悬而未解的学术难题。目前学界对于中国特色的政府与市场经济学的核心范畴、基本规律等方面的理解还存在一些不同的认识，甚至关于某些问题的分歧出现了日益扩大的趋势。这两大难题在很大程度上限制了政府与市场经济学的理论化水平，导致经典经济学中诸多重要理论和基本原理未能充分体现在中国特色社会主义的政府与市场经济学中，即一系列具有中国特色的经济思想未能同政府与市场经济学的经典理论实现有机融合。中国特色的政府与市场经济学最根本的要义，就是要立足于中国的经济实践，用中国经济学范式解释中国现象、解决中国问题，即坚持问题导向和目标导向相统一是基于中国特色社会主义的政府与市场经济学的一个重要标志。要始终明确中国取得的一系列发展成就，并非受西方经济学影响，尤其不是受自由主义思想的指导，而是属于中国特色的政府与市场经济学的伟大实践成果。改革开放的每一次重大进展，都是政府与市场经济学理论的重大突破。

推进政府与市场经济学理论的创新，关键在于将“党的领导”纳入政府与市场辩证关系的中国经验之中，形成具有中国特色的政府与市场经济学理论的三维系谱。坚持党的领导，应成为政府与市场经济学理论创新的根本立场。构建中国特色的政府与市场经济学理论，必须立足于中国的经济实践，坚持党对经济工作的领导思想，既要选择性地吸收当代西方经济学中与市场经济一般相联系的，即不具有特殊的社会经济属性的经济学概念和范畴，也要突破传统西方经济学理论框架的羁绊，明确经济理论实践的最终目的在于实现经济发展和人的发展有机统一。坚持党对经济工作的领导思想是构建中国特色的政府与市场经济学理论的重要基石。

改革开放以来，市场化改革破除了旧体制束缚，激发了社会经济活力，确实是我国在诸多领域能够取得举世瞩目成就的重要因素。而这些伟大成就背后，实际上反映的是中国对于西方主流经济学中的政府与市场关系理论的借鉴性吸收和批判性发展。开放市场训练了中国政府的监管能力和服务能力，改革开放以来，中国共产党的独到学习能力与强大进化能力，是提高中国经济发展的平衡性、包容性以及可持续性的重要保证，并且逐步构筑起“党定调—政府引导—市场决定”的中国特色宏观调控模式。党是中国特色社会主义事业的领导核心，是社会主义现代化建设取得胜利的根本保证（裴长洪、倪江飞，2021）。党领导建设经济社会本身具有顶层设计意义，是党超越马克思主义经典作家设想而进行的伟大创新。坚持党的领导是深化国有企业改革的根本原则，加强党的建设是引导民营企业健康发展的重要要求。改革开放以来，中国取得的世界罕见的经济快速发展奇迹，离不开党对世界经济走势以及中国发展方向的敏锐判断。而中国疫情防控取得的巨大成就与后疫情时期经济社会的有序复工、复产，更离不开党集中领导、统一指挥，以及凝心聚力的独到政治优势（曹亚斌，2020）。此外，中国经济对经济全球化的巨大推动作用和对世界经济增长的突出贡献，也充分体现了党领导我国经济工作的独特制度优势。只有坚持党的全面领导，才能充分发挥中国特色宏观调控的巨大优势，实现市场在资源配置中起决定性作用和更好发挥政府作用的有机统一。

参考文献

[1] 曹亚斌. 党的领导是根本保证 [N]. 中国社会科学报，2020-05-26 (5).

[2] 李稻葵. 中国经济实践提供了经济学新知 [N]. 北京日报，2019-07-22 (9).

[3] 裴长洪，倪江飞. 党领导经济工作的政治经济学 [J]. 经济学动态，2021 (4)：3-14.

[4] 谢富胜，潘忆眉. 正确认识社会主义市场经济条件下的新型举国体制 [J]. 马克思主义与现实，2020 (5)：156-166，204.

“两个毫不动摇”的中国智慧及实践要求[①]

李宜达

摘　要　作为中国特色宏观调控的重要支撑，“两个毫不动摇”为增强新常态下我国经济发展韧性、拓展后疫情时期宏观经济政策可操作空间提供了有力保障，是新时代我国经济体制改革的基本原则。“两个毫不动摇”既发挥了社会主义公有制的优越性，有利于促进经济发展和人的发展有机统一，同时也内在地要求构建“亲”“清”新型政商关系，引领新时代非公有制经济健康发展。

关键词　“两个毫不动摇”；公有制经济；非公有制经济；中国特色社会主义

一、“两个毫不动摇”是中国特色宏观调控的重要支撑

根据马克思主义政治经济学的基本观点，生产资料所有制是一国经济基础的核心，构成了社会的基本经济制度。虽然马克思在《共产党宣言》中对社会主义制度下的所有制关系提出了自

---

① 原载于《北方经济》2021年第9期。

己的构想，但是却没有给出十分具体的设计及规划。自我国进入社会主义初级阶段以来，着眼于提高这一时期的生产力水平，明确了“毫不动摇地巩固和发展公有制经济，毫不动摇地鼓励、支持、引导非公有制经济发展”这一制度基础。“两个毫不动摇”是对马克思主义政治经济学的进一步丰富和发展，是马克思主义基本原理与中国具体现实相结合的重大理论成果。

2020年9月，习近平总书记在全国民营经济统战工作会议上作出重要指示，强调新时代要将坚持“两个毫不动摇”作为一项重要任务。公有制经济控制着关系国计民生的重要部门，提供基础设施配套、基本公共服务以及高新战略技术，是满足人民群众对美好生活需要的根本保障。非公有制经济能够充分调动各类经济主体的主观能动性，激发经济发展的活力和创造力，为国民经济的发展提供竞争性的市场环境，从而积极有效地推动经济发展方式的转型升级，有利于解决不平衡、不充分发展的问题。“两个毫不动摇”充分体现了中国经济学智慧，是中国特色社会主义政治经济学的重要理论成果。

现阶段，世界经济正经历百年未有之大变局，同时中国经济发展也已迈入结构性调整的关键期，经济在从高速增长向高质量发展转变的过程中不可避免地会面临较大的下行压力。特别是全球疫情对产业链、供应链的巨大冲击，使当前的中国经济正面临着前所未有的不确定性。为保证后疫情时期中国经济的持续平稳运行，就必须坚持“两个毫不动摇”，以中国特色宏观调控夯实未来中国经济发展的基础。具体来看：

其一，必须坚持做优、做强、做大国有企业以支持国家的重大战略、重点改革和重要政策措施落地。当前由于新冠肺炎疫情冲击、人口老龄化以及地方政府隐性债务风险等问题，我国财政政策可操作空间明显收紧。而为了激发非公有制经济活力、切实减轻后疫情时期企业生产经营和中低收入群体的税收负担，则必须保持一定的财政支出强度。近几年的中央经济工作会议多次强调积极的财政政策要提质增效，而在后疫情时期更需要通过多渠道盘活国有资源资产以增加非税收入，做优、做强、做大国有企业，使国有企业成为新时期拓展我国财政政策空间的有力支撑。

其二，必须坚持鼓励、支持并引导非公经济的健康发展以推动后疫情时期中国经济顺利转型升级。由于要素边际生产力递减规律的作用，目前我国已无法通过大规模增加生产要素占用和消耗来刺激经济、对冲人口老龄化与全球疫情的不利影响，只有通过创新、技术进步激发结构性潜能，才能提高要素的边际生产力，抑制边际生产力递减，推动中国经济持续健康平稳运行。而民营企业作为创新的主体、科技创新的重要力量，将成为构筑未来中国经济发展战略优势的重要抓手和关键支撑。

二、“两个毫不动摇” 是我国经济体制改革的基本原则

改革开放以来，市场化建设破除了旧体制束缚，激发了社会经济活力，确实是我国经济能够高速增长的重要因素。随着市场化改革取得了成功，新自由主义思潮开始在社会中盛行，有人认为告别公有制、推行私有化是我国经济的成功之道。新自由主义严重偏离中国特色社会主义道路，严重违背邓小平同志擘画的改革开放蓝图。邓小平明确指出，公有制占主体是我们必须坚持的社会主义的根本原则[①]。中国的改革开放，并非受西方经济学影

① 参见邓小平《邓小平文选（第三卷）》，人民出版社1993年版，第111页。

响，尤其不受自由主义思想的指导。从根本上来说，中国的经济发展是由根植于中国特殊国情而生成的特殊因素所推动的。这些特殊的因素只能从中国特色社会主义政治经济学中去挖掘和总结。改革开放的每一次重大进展，都是中国政治经济学理论的重大突破。改革开放的实践又进一步推动政治经济学理论有了新突破，由此推动了政治经济学的一系列创新，催生了中国特色社会主义政治经济学。

在全球经济百年未有之大变局下，过度私有化不仅无法激发我国经济发展的活力，还会给新时期的中国经济运行带来以下三点危害：一是加剧经济转型“阵痛期”中的“僵尸企业”及产能过剩等问题。现阶段，“僵尸企业”和产能过剩仍然是造成部分经济与金融困难的根源。盲目私有化会导致“僵尸企业”不能及时出清，产能过剩问题无法得到有效解决。二是加大后疫情时期中国经济运行的系统风险和社会成本。后疫情时代经济社会的发展面临着更多的不确定性，更需要重视从经济结构调整入手防范系统性风险。而盲目私有化不仅不利于整体经济结构的优化，长此以往还会造成经济发展的“僵化”。三是严重影响国内经济社会在全球经济变局中的安全稳定。公有制经济是抵御资本主义经济危机的有力保障，如果公有制丧失主体地位，那么中国受资本主义世界的经济危机影响将会越来越大。

“两个毫不动摇”是我国经济体制改革的基本原则，同时也是适应百年未有之大变局、建设现代化经济体系的根本要求。目前我国依然在坚持稳步推进供给侧结构性改革，随着改革的进一步深化，非公有制经济特别是创新型民营企业对于提高新时代中国经济发展的平衡性、包容性以及可持续性将会发挥越来越大的作用（肖文，2021）。但要明确的是，中国实行的社会主义市场经济、发挥市场在资源配置中的决定性作用与新自由主义有着本质上的区别。公有制的主体地位在社会主义国家中不可动摇，非公有制经济是为我国社会主义经济服务的。只有巩固和发展公有制经济，通过社会主义公有制经济的制约和影响，才能使我国经济内在本质中不利于社会主义的消极因素得到抑制，有利于社会主义经济的积极因素得到发展，最终推动新时代中国经济平稳运行。

三、“两个毫不动摇”是中国政治经济学理论的重大创新

中国特色社会主义政治经济学的“特色”二字，其最根本的要义，就是要立足于中国的经济实践，用马克思主义经济学的范式解释中国现象、解决中国问题，即坚持问题导向和目标导向相统一是中国特色社会主义政治经济学的一个重要标志。进入新时代以来，习近平总书记立足于马克思主义基本原理，以全新的视野深化对新常态下中国经济社会建设规律的认识，并且多次就坚持和丰富马克思主义政治经济学发表重要论述，强调要发展中国特色社会主义政治经济学（王立胜，2016）。

（一）以人民为中心，发挥社会主义公有制的优越性

西方经济学所推崇的发展观是追求物质财富的积累，即认为发展的目的主要是实现国内生产总值的增加、人均国民收入的提高以及产业结构的升级，而忽视了具体的人，特别是普通劳动者的真实情况和感受。这一发展观既没有立足于满足人的需求，也没有着眼于充分发挥人的主观能动性。在一定的历史时期，这样的发展理念虽然能在一定程度上促进经济增长，但这样的增长是

不健康、不可持续的，经常会被经济危机所打断。此外，忽略人的发展的经济增长也往往会出现异化。

社会主义公有制所强调的是任何个人或集团不享有支配和使用生产资料的特权，通过调动各方面的积极性、主动性以及创造性，实现经济发展和人的发展有机统一，从而为更高水平生产力的发展开辟出更为广阔的空间。在中国共产党的领导下，我国充分发挥公有制经济的强大推动力量，不断提升贫困地区的交通、通信基础设施以实现基础提升型扶贫，着力变革落后地区的制度与机制的基本设计以实现制度变革型扶贫，并于建党百年之际如期完成全面建成小康社会的宏伟目标，实现了对人民的庄重承诺。以人民为中心的发展方式，就是要让社会主义公有制的优越性得到更充分的体现，让人民群众有更多的获得感、幸福感。以人民为中心的发展思想立足于中国的经济实践和马克思主义政治经济学的根本立场，并且也选择性地吸收了当代西方经济学中与市场经济一般相联系的，即不具有特殊的社会经济属性的经济学概念和范畴，其本质在于实现经济发展和人的发展有机统一。实际上，坚持以人民为中心就是把人作为发展的目的和归宿，全方位满足人的真实需要，全方位丰富和提高人创造美好生活的能力，努力实现人的全面发展（王天义，2017）。

（二）以“亲”“清”新型政商关系，引领新时代非公经济健康发展

国际经验表明，在一个多种体制相互融合的新兴经济体、转轨经济体中，部分企业家往往觉得与政府有隔阂和距离，而实际上政府在这样一个高速发展、矛盾凸显的发展阶段也有自身的困惑及困境。这两种现象并存的主要原因是时代改变了，新兴产业

的发展规律及创新发展规律也发生了变化，这就需要重建政商关系。习近平总书记多次提出要构建“亲”“清”新型政商关系（刘迎秋，2018），即在政企之间营造共同信任、信赖的环境，实现包容发展。“亲”就是政府的公权力不仅要用来帮助国有企业，也要用来真诚地帮助民营企业解决问题、克服困难。“清”就是政府官员在与企业的日常交往中，必须廉洁清正、克己奉公，坦坦荡荡地帮助企业的经济发展。没有“亲商”，我国经济的发展容易出现迟缓乏力的现象；没有“清政”而只有“亲商”容易导致政企不分。因此“亲商”“清政”二者相辅相成，缺一不可。

在世界百年未有之大变局下，企业发展面临的不确定、不稳定因素显著增多。因此在新的发展模式下，以政商关系的重构为抓手推动营商环境的优化显得尤为重要。通过“亲”“清”新型政商关系的构建，打破要素流动障碍和破除体制内外羁绊，进一步降低交易费用，从广度和深度上推进市场化改革，减少政府对资源的直接配置以及对微观经济活动的直接干预，以新时代政府职能的加快转变有效激发后疫情时期各类市场主体，特别是创新型企业的活力，把市场在资源配置中起决定性作用和更好地发挥政府作用有机结合起来。实际上，“亲”“清”新型政商关系是一种包容性的政商关系，其要求政府应以包容的态度对待民营企业家，要在企业遇到困难时帮助企业，让民营企业家有安全感，而不是疏远企业及追究一些由历史原因和制度不完善而导致的问题。要有针对性地解决中小企业发展中的突出问题，对国有企业和民营企业要一视同仁，同时平等对待大中小企业，加强对产权（特别是知识产权）的保护，努力为企业发展创造良好环境。构建政商关系的重点是大力推进我国法治建设，不断完善市场体系，通过明确官商交往的规则和边界来减少公职人员的腐败问题出现，使权利在阳光下运行，使经济在包容中发展。市场经济和法治中国需要“亲”“清”的政商关系。新时代下，“亲”“清”新型政商关系是推动中国经济高质量发展的重要基石。

参考文献

[1] 肖文. 多措并举助力民营经济健康发展 [J]. 人民论坛，2021 (10)：86-88.

[2] 王立胜. 发展中国特色社会主义政治经济学 [N]. 中国社会科学报，2016-07-06 (4).

[3] 王天义. 始终坚持以人民为中心的基本方略 [J]. 马克思主义研究，2017 (12)：26-29.

[4] 刘迎秋. 新型政商关系，如何既“亲”又“清” [N]. 环球时报，2018-05-21 (15).

政府与市场关系研究述评：学界动态与理论发展

李宜达　王方方

摘　要　从中国经济发展实践中有效总结出改革开放以来经济建设的中国智慧与中国经验，是现阶段中国经济学界的重要使命。而从政府与市场经济学的视角探索和提炼中国经济发展实践所蕴含的理论新知，是完成这一使命的关键突破口。中国特色的政府与市场经济学在承认西方经济学理论缺陷的基础上，强调政府是现代市场经济体系中的重要参与者和竞争者，并存在超前引领现象，对市场经济的健康有序运行发挥着不可替代的作用。构建具有中国特色的政府与市场经济学理论，是对现代经济学理论体系的进一步创新和发展。

关键词　政府与市场经济学；中观经济；区域政府竞争；超前引领

一、引言

政府与市场的关系问题，是中国经济体制改革的核心问题。党的十九大报告指出，要使市场在资源配置中起决定性作用，更好发挥政府作用。党的十九届五中全会更加明确指出，要推动有效市场和有为政府更好结合。因此，如何有效发挥市场这一“无形之手”在资源配置方面的决定性作用和更好地发挥有为政府这一“有形之手”的调节作用，是新时期中国经济学界关注的热点话题。立足关于政府与市场关系理论的研究成果，本文试图解释成熟的市场经济为什么需要有为政府与有效市场相结合，并重新审视区域政府在中国经济建设中的重要作用。以政府与市场经济学为参照系，本文将首先反思西方政府与市场经济理论的缺陷，并指出从中国经济发展实践中提炼理论新知，是现阶段中国经济学界的重要使命；其次，从中观经济学的视角阐释关于政府与市场关系研究的新理论和新视角；最后，对现有相关理论研究进行总结与展望。

二、西方理论反思与中国实践启示

（一）西方政府与市场经济理论的缺陷

在西方政府与市场经济理论的嬗变过程中，关于政府与市场关系的界定，出现在经济学开山鼻祖亚当·斯密的《国富论》中。亚当·斯密将市场机制比作“看不见的手”，把政府比作“守夜人”，主张“强市场＋小政府”。[①] 而后，西方经济学经历了从“政治经济学”向“经济学”的转变，引入了“均衡”及“边际”等重要概念，实现了经济理论研究范式的重大变革（包炜杰、周文，2020）。长期以来，“均衡”分析法在西方经济学的研究中一直占据着极其重要的地位。包炜杰和周文（2020）

① 参见［英］亚当·斯密《国民财富的性质和原因的研究（下卷）》，郭大力、王亚南译，商务印书馆1974年版，第30－31页。

认为，由于经济分析逻辑的逐渐固化，传统西方经济学理论往往仅从“均衡”分析的视角来讨论政府与市场的关系问题，以“均衡”分析为导向的稀缺资源配置方式，成为西方政府与市场经济理论的主要研究对象。在西方政府与市场经济理论框架中，“均衡”就是在给定的经济环境中，各类经济要素在企业、政府、民间组织等诸多利益主体的驱动下所达到的一种相对稳定的状态。“均衡”本质上是一种难以同时兼顾公平、效率与安全的自发稳态。相较而言，中国特色的政府与市场经济理论不仅注重“均衡”，还更加强调“平衡”。于海峰和王方方（2019）认为，“平衡”概念带有强烈的普惠性色彩，要求的是经济社会各个方面要达到一种既稳定又合理的状态，强调资源要素要合理分布与分配，重视经济效率、社会公平与国家安全三者的有机统一。

不可否认，西方经济学界关于现代市场经济的研究，为改革开放以来中国经济发展提供了部分符合实际的理论解释与具有一定现实意义的政策指导。与此同时，应当意识到的是，西方经济学理论往往强调通过市场自由调节来实现资源的有效配置，从而达到一种“均衡”状态，却没有考虑到经济结果的“平衡”，某种程度上，这是西方政府与市场经济理论的缺陷。在以“均衡”分析法为基石的西方经济理论分析框架中，始终贯穿着政府与市场二元对立的思想倾向，政府与市场之间是一种非此即彼的动态替代关系（李宜达，2020）。因此，在西方政府与市场经济理论中，存在着两种看似完全截然相反的经济政策主张，即以哈耶克为代表的秉持自由放任原则的理论表达派和以凯恩斯为代表持国家干预主义的政策倾向观点的学派（李宜达，2021）。政府与市场二元对立论简单地将政府与市场之间的联系界定为单一线性的完全排他关系，忽略了不同国家在不同发展阶段关于市场异质性的分界，割裂了经济社会不同历史时期与特定发展环境的内在联系（包炜杰、周文，2020）。

（二）从中国经济发展实践中提炼理论新知

经济增长的源泉，实质是劳动生产率的提高（李宜达，2019）。林毅夫（2014）认为，劳动生产率的提高是一个不断推动技术进步、产业升级、基础设施提升以及制度安排完善的过程。而这个过程往往也伴随着垄断、外部性、区域失衡、贫富差距悬殊等市场失灵问题。因此，在现代市场经济体系中，既需要提升市场运行效率，为企业家营造适宜的创新环境，也需要政府有所作为，不断解决市场失灵问题（林毅夫，2017）。从改革开放的经济实践来看，中国虽然也借鉴了西方主流经济学理论，但在推进改革和对外开放的过程中，一直强调解放思想、实事求是、与时俱进，从而避免了新自由主义的弊端，得以在转型转轨的过程中维持经济运行稳定并推动经济快速发展（林毅夫，2021）。陈云贤（2019）认为，中国改革开放的成功，揭示出了中国特色社会主义市场经济是“有为政府”与“有效市场”相结合的经济。

2022 年 4 月 25 日，习近平总书记在中国人民大学考察时强调，加快构建中国特色哲学社会科学，归根结底是建构中国自主的知识体系[①]。近年来，中国经济学界为从中国经济发展实践中提炼理论新知，专门提出一门全新的经济学分支——政府与市场经济学，并且成立了政府与市场经济学国际学会。按照李稻葵

① 参见中共中国人民大学委员会《坚定不移走好建设中国特色、世界一流大学新路》，载《求是》2022 年第 11 期，第 66－71 页。

（2021）的观点，所谓政府与市场经济学，是指研究如何设计和调整政府自身的机制和体制，从而让政府更好地培育、引导和匡正市场发展的经济学理论。政府与市场经济学的基本理念是：要意识到政府已成为现代市场经济体系中的重要参与者和竞争者，并且政府行为对市场经济的平稳运行与可持续发展发挥着不可替代的作用。但是，政府行为是否能够有效矫正市场经济运行问题，真正帮助市场经济高质量发展，还需要政治、经济、法律、文化等各类制度发挥作用，以激励和约束政府行为（李稻葵，2021）。从政府与市场关系探究中国奇迹、探寻中国道路，是在经济学学理上总结中国经济发展成功实践的重要视角。

三、政府与市场关系新论：双驱动力与超前引领

（一）政府与市场共同构成中观经济的双驱动力

新中国成立以来，中国共产党对政府与市场关系的探索，经历了“中央统筹＋计划手段”—“市场开放＋国家调节”—“市场融合＋政府调控”—“市场有效＋政府有为”的阶段变迁（李宜达，2021）。林毅夫（2019）认为，中国经济体制改革的逻辑本源，始于政府与市场的协调整合作用；其模式的发展和成熟，也源于政府与市场的互动契合发展。

经济发展的目标是提高社会的整体收入水平，并且让所有人都能在经济发展的过程中受益。而要真正实现这一目标，离不开“有效市场”与“有为政府”的相辅相成：一方面，需要充分发挥市场经济的分散决策机制，鼓励企业家各施所能、各展所长，以实现资源要素的高效配置（张维迎，2017）；另一方面，还需

要适时发挥有为政府的集中决策机制，对市场寡头的财富垄断倾向进行恰当干预、为走在世界前沿的技术和产业提供科研支持、向遭遇诸如疫情和地震等重大公共突发事件的社会弱势群体实施及时帮助等（林毅夫，2021）。需要特别指出的是，在中国特色社会主义市场经济中，实现政府与市场契合发展的关键是坚持党的领导。李宜达（2021）认为，“有为政府”表现为在党的领导下对经济建设进行前瞻性布局，以“治未病”的方式谋划宏观调控，逐步构筑起党定调、政府引导、市场决定的中国特色宏观调控模式。

学界在讨论政府与市场关系时，鲜有将“区域”这一概念纳入其中。然而，区域特征往往是将政府与市场二者作用有效衔接起来的关键因素。高水平的经济建设往往需要着眼于特定时期区域转型发展的全局性谋划和整体性推进，从区域、政府与市场三个层次入手进行战略性布局，在区域发展中构筑起区域、政府与市场协调联动的经济结构（李宜达，2021）。因此，论及区域经济发展，绝离不开对政府与市场两种力量的考察。具体来说：

其一，由于市场失灵现象的存在，推动区域经济发展不能只强调市场的作用。万晓琼认为，单独依靠市场机制发挥作用固然能让区域经济逐渐趋于符合区域所处发展阶段的均衡状态，但其作用效果往往非常缓慢，并且由于市场盲目性、无序性、滞后性等固有弊端，区域发展波动、经济增速下滑以及经济危机爆发等阵痛期往往难以避免（万晓琼，2020）。此外，国际经验表明，在区域发展过程中，由于市场自发作用，区域资源要素的流动总是沿着经济报酬更高的方向，发达城市对落后城市的“虹吸效应”往往大于其“外溢效应”（李宜达，2021）。因此，市场单独发挥作用的结果是面临区域发展严重失衡的“冰火两重天”现象（万晓琼，2020）。

其二，由于政府也存在失灵问题，基于市场机制的政府治理能力建设对于区域经济发展极其重要。陆铭（2017）认为，从区域经济建设来看，政府失灵主要表现为：不合理的行政干预导致区域市场分割问题，阻碍了生产要素与经济资源跨区域自由流动，致使资源要素空间错配现象频繁发生。一个典型例子是：欠发达城市承接了与本地比较优势不符的产业，而发达城市的发展期产业却由于政策上的抑制措施被迫将企业转移到落后城市（陆铭等，2019）。张可云和沈洁（2017）认为，从中观层面来看，“有为政府”是立足于市场经济建设，明确有所为和有所不为，按照市场经济规律进行产业布局，为区域经济把稳发展航向。

其三，推进区域经济的深度融合，更需要依靠政府与市场双向发力。一方面，政府以提出区域合作概念、制定城市合作规划等方式，破除影响区域间资源要素自由流动的体制机制障碍，降低各区域和各城市合作的交易费用，引导区域市场和城市产业的相互融合（陆铭，2017）。另一方面，企业是推进区域融合的关键主体，市场是实现区域融合发展的核心因素。企业的跨区域和跨城市商贸活动会给区域间和城市间带来直接或间接的经济联系，进而形成网络化效应。这种经济网络化效应将促使企业主体在区域间和城市间自我联合与自我协调，从而建立起区域融合发展的内生机制（李宜达、王方方，2022）。

总之，将“区域”概念纳入政府与市场关系的分析框架之中，是研究中国特色社会主义市场经济十分重要的方面。从中观层面来说，企业与区域政府均是资源要素配置的主体，并且也都

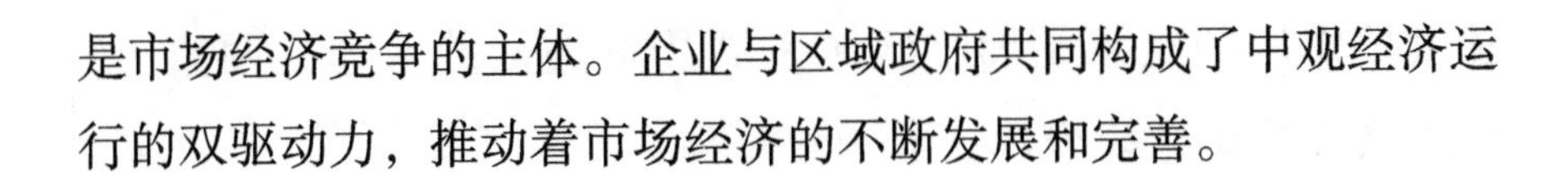

是市场经济竞争的主体。企业与区域政府共同构成了中观经济运行的双驱动力，推动着市场经济的不断发展和完善。

（二）区域政府竞争与超前引领理论

在现代市场经济体系中，市场对资源的高效配置主要依托价格机制和竞争机制实现。厘清政府与市场之间的互补关系，关键要正确认识价格机制和竞争机制。价格机制是组织生产和销售的灵敏指挥棒，在调节市场供求关系的过程中推动市场结构不断调整（李宜达，2020）。学界关于价格机制在市场经济中的重要性论述颇丰，这里不再赘述。对于竞争机制，西方政府与市场经济理论研究往往指向的是企业竞争。然而，从改革开放以来中国经济的成功实践来看，区域政府竞争对于市场经济运行不仅产生了有力的推动作用，还构成了中国特色社会主义市场经济的一大亮点，是探寻中国改革之路的关键视角（陈云贤，2020）。中国的经济实践表明，区域政府竞争已经突破了传统经济学意义上的政府概念，其重视借助市场力量积极引领区域经济发展的行为，可归结为区域政府的超前引领现象（陈云贤，2020）。考察区域政府对经济运行的超前引领，是提炼具有中国特色的政府与市场经济学理论的关键点和突破口。

陈云贤（2019）认为，中国特色的政府与市场经济学所提出的政府超前引领理论，与西方凯恩斯主义的政府干预思想有着本质的区别。按照韦森（2022）的观点，凯恩斯主义往往着眼于熨平短期经济波动，强调的是中央政府对宏观经济的逆周期调节。而不同于凯恩斯主义，政府超前引领理论一方面将中央政府宏观调控视为一门“艺术”，认为宏观调控应兼顾经济增速等短期变量和结构优化等长期因素，实现“调总量”和“调结构”

的有机统一（李宜达，2021）；另一方面着眼于中国特色社会主义市场经济发展实际，强调区域政府竞争对于经济发展的推动作用与超前引领（陈云贤，2020）。

基于区域禀赋考察政府与市场关系，是认识区域政府超前引领特征的重要视角。区域禀赋既构成了区域参与经济循环的比较优势，同时也是促进区域经济发展的重要载体（林毅夫，2021）。陈云贤和顾文静（2015）认为，区域禀赋大致可划分为三类：一是可经营性禀赋，这是与区域经济相对应的禀赋，主要包括区域的产业资源和自然资源；二是非经营性禀赋，这是与区域民生相对应的禀赋，主要包括区域的公共产品和公益项目；三是准经营性禀赋，这是与区域建设相对应的禀赋，主要包括区域的基础设施和社会保障。而要较好地解决区域发展在市场机制作用下出现的发展速度差异问题，就需要政府根据具体区域禀赋，特别是在准经营性禀赋方面有所作为，充分利用前瞻性产业规划和结构性空间规划引导区域要素与资源的配置方向，以通过强化基础设施水平、实施政策待遇优惠、提高劳动素质教育等方式盘活落后区域的经济资源。通过适时有效的政府干预，将区域禀赋与提高经济发展平衡性和可持续性有机结合起来，包括与区域拥有的禀赋相契合的产业创新政策和空间发展规划，以及与区域缺乏的禀赋相契合的发展支持计划和地区帮扶方针（林毅夫，2021）。基于此，可构建出区域政府竞争与超前引领的整合模型（图1）。

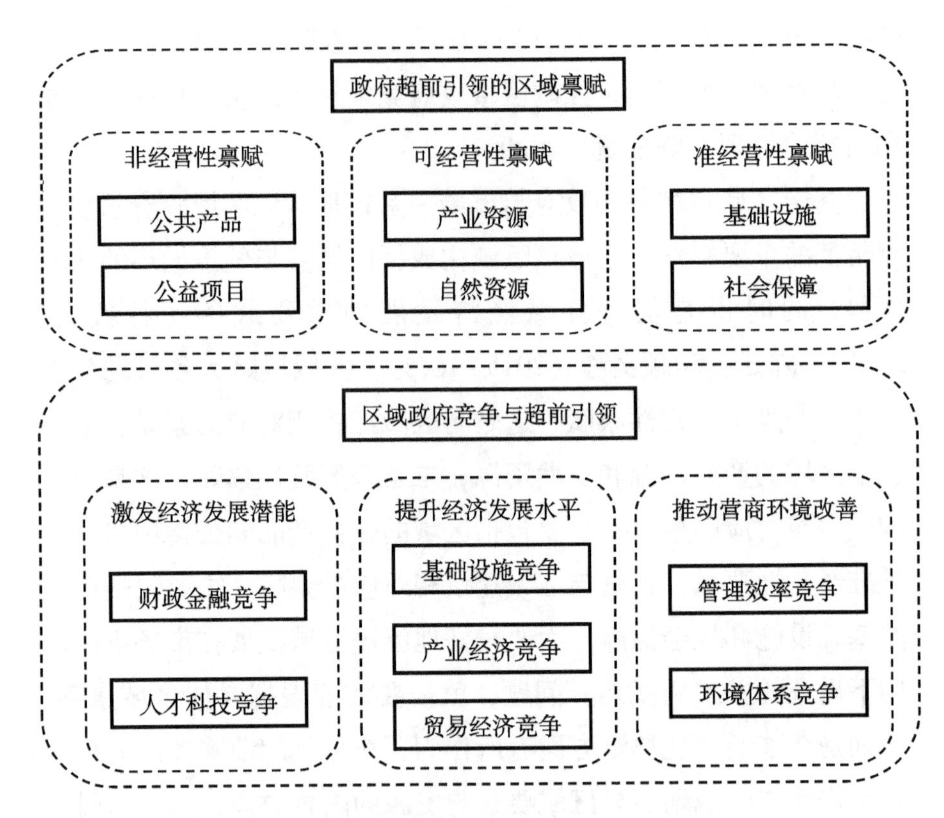

图1　区域政府竞争与超前引领的整合模型

（图片来源：笔者自制。）

其一，为了提升本地经济发展水平，区域政府之间会在基础设施、产业经济及贸易经济等方面展开竞争。区域政府在基础设施方面的竞争既包含对传统基础设施的适时改善，又涉及新型基础设施的超前布局，具体包括：铁路、公路、港口等交通基础设施建设的竞争；通信、网络、光缆等信息基础设施建设的竞争；物联网、大数据、云计算等新型基础设施建设的竞争（顾朝林等，2020）。区域政府在产业经济方面的竞争主要指为优化本地产业结构，而在要素配给、设施配套等方面展开的竞争，具体包括：产业园区建设的竞争、产业基地布局的竞争、产业链条培育的竞争等方面（胡安俊，2020）。区域政府在贸易经济方面的竞争构成了区域竞争力的重要一环，具体包括：推动企业海外布局的竞争、改善出口贸易结构的竞争、吸引外资企业投资的竞争等方面（何雅兴、马丹，2022）。

其二，为了激发本地经济发展潜能，区域政府会在财政金融、人才科技等领域展开竞争。在财政金融领域，区域政府不仅致力于追求税收最大化，还会积极搭建各类投融资平台，通过多渠道获取和吸引资金，投入和动员各类对本地经济发展存在拉动作用的已有或潜在项目，以最大限度地盘活本地经济并激发区域经济发展潜力（徐现祥等，2011）。在人才科技领域，区域政府基于人才是创新之本、科技是第一生产力等理念，通过不断完善政策措施，强化本地在人才和科技等高层次要素领域的竞争力，利用各种奖励、补贴、支持措施吸引和引进高端人才与先进科技，以赢得区域战略资源（郭鑫鑫、杨河清，2018）。

其三，为了推动营商环境持续改善，区域政府会在管理效率、环境体系等维度展开竞争。一方面，区域政府针对政绩考核评价机制，会在行政管理时间、速度、质量等管理效率维度展开竞争，而这有利于降低区域市场运行的交易费用（徐现祥等，2011）；另一方面，基于财政收入目标函数，区域政府会在政策环境、人文环境、生态环境等体系维度展开竞争，这有助于增强区域经济发展的可持续性（陈云贤，2020）。

四、总结与展望

中国经济体制改革取得成功的一个极其重要的原因是区域政府竞争与超前引领对于市场经济发展所形成的巨大推动作用。而这也正是政府与市场经济学所考察的核心内容。政府与市场经济学以区域政府行为与资源配置为主要研究问题，通过对政府与市场不同组合模式的分析来寻找成熟市场经济的理论规律，强调在经济建设中应重视政府与市场双管齐下，特别是在中观经济层面要充分发挥有为政府与有效市场的协同互补作用，在推动区域经济建设的过程中统筹公平、效率以及安全，以打造更加平衡、更可持续的区域经济发展模式。因此，明确政府与市场的互补关系实际上是中国特色的政府与市场经济学的核心要义——既强调市场在资源配置中起决定性作用，又肯定政府在经济建设中发挥着超前引领作用。

按照政府与市场经济学的观点，市场经济在中观层面存在着两大资源要素调配主体：企业与区域政府。这两大市场主体内部均存在着相应的竞争机制。在现代市场经济体系中，企业竞争一方面推动整个市场生产规模的扩大，另一方面又促使市场平均交易费用的降低。而区域政府竞争则构成了我国在社会主义条件下发展市场经济的一大特色。关于企业竞争的研究，学界无论是从理论阐述还是实证检验方面，都进行了大量的探讨与论述，其考察范围日益扩大，现已形成系统化的理论框架体系。然而，关于区域政府竞争的研究，目前的分析思路整体上显得较为零散，仍存在着较大的学术努力增量空间，主要体现在以下三个方面：一是对中国经济发展所处的新阶段及面临的新问题把握不够，导致现有区域政府竞争的研究缺乏针对性与时代性；二是从区域政府竞争视角分析中国经济发展问题的系列研究彼此分割、相对独立，导致现有区域政府竞争的研究缺乏统一性与整体性；三是科学评估区域政府竞争的有效指标体系仍有欠缺，导致现有区域政府竞争研究缺乏现实性与前沿性。因此，中国经济学界在政府与市场经济学创新方面大有可为。从政府与市场经济学视角考察中国改革开放的成功历程，是在中国经济发展实践中提炼经济学理论新知的可行路径。

参考文献

[1] 包炜杰，周文．政府与市场关系的演变和突破：兼论中国特色社会主义政治经济学的国家主体性［J］．学术研究，2020（11）：96－102．

[2] 陈云贤，顾文静．中观经济学：对经济学理论体系的创新与发展［M］．北京：北京大学出版社，2015：17－23．

[3] 陈云贤．探寻中国改革之路：市场竞争双重主体论［J］．经济学家，2020（8）：16－26．

[4] 陈云贤．中国特色社会主义市场经济：有为政府＋有效市场［J］．经济研究，2019，54（1）：4－19．

[5] 顾朝林，曹根榕，顾江，等．中国面向高质量发展的基础设施空间布局研究［J］．经济地理，2020，40（5）：1－9．

[6] 郭鑫鑫，杨河清．中国省际人才分布影响因素的实证研究［J］．人口与经济，2018（3）：47－55．

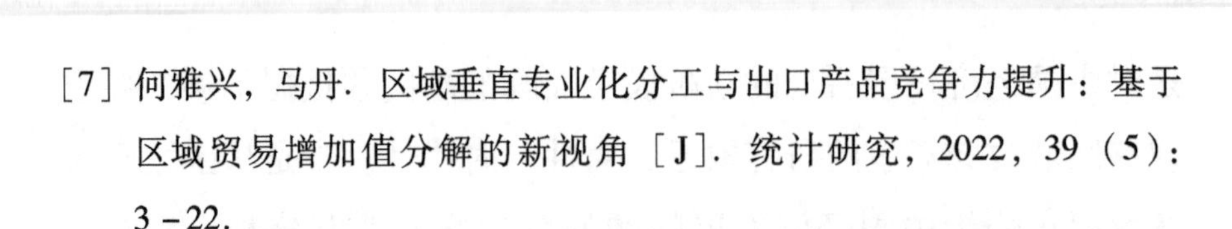

[7] 何雅兴，马丹. 区域垂直专业化分工与出口产品竞争力提升：基于区域贸易增加值分解的新视角 [J]. 统计研究，2022，39（5）：3－22.

[8] 胡安俊. 中国的产业布局：演变逻辑、成就经验与未来方向 [J]. 中国软科学，2020（12）：45－55.

[9] 李稻葵. 政府与市场经济学：从中国共产党领导的工业化伟大实践提炼经济学新知 [J]. 中国工业经济，2021（7）：9－12.

[10] 李宜达，王方方. 双循环新发展格局的现实逻辑与区域布局 [J]. 工信财经科技，2022（2）：62－75.

[11] 李宜达. “两个毫不动摇”的中国智慧及实践要求 [J]. 北方经济，2021（9）：7－9.

[12] 李宜达. 双循环新发展格局下区域、政府与市场的协调整合 [J]. 中国西部，2021（6）：43－48.

[13] 李宜达. 党领导政府与市场关系建设的经验及启示 [J]. 学习月刊，2021（9）：15－18.

[14] 李宜达. 以三大平台推动新时代开放经济向纵深发展 [J]. 社会科学动态，2019（7）：28－32.

[15] 李宜达. 疫情时期口罩厂商会趁机牟取暴利吗?：基于微观经济学视角及博弈分析 [J]. 社会科学动态，2020（7）：53－59.

[16] 林毅夫. 百年未有之大变局下的中国新发展格局与未来经济发展的展望 [J]. 北京大学学报（哲学社会科学版），2021，58（5）：32－40.

[17] 林毅夫. 比较优势、竞争优势与区域一体化 [J]. 河海大学学报（哲学社会科学版），2021，23（5）：1－8，109.

[18] 林毅夫. 从西天取经走向自主创新：中国经济学科发展方向探索 [J]. 中国科学基金，2021，35（3）：356－360.

[19] 林毅夫. 新结构经济学的理论基础和发展方向 [J]. 经济评论，2017（3）：4－16.

[20] 林毅夫. 新中国成立70年和中国经济发展奇迹的解读 [J]. 科学社会主义，2019 (3)：4-8.

[21] 林毅夫. 政府与市场的关系 [J]. 中国高校社会科学，2014 (1)：19-21.

[22] 陆铭，李鹏飞，钟辉勇. 发展与平衡的新时代：新中国70年的空间政治经济学 [J]. 管理世界，2019，35 (10)：11-23.

[23] 陆铭. 城市、区域和国家发展：空间政治经济学的现在与未来 [J]. 经济学（季刊），2017，16 (4)：1499-1532.

[24] 万晓琼. 区域、市场、政府协调整合的区域发展研究 [J]. 河北学刊，2020，40 (6)：118-124.

[25] 韦森. 重读凯恩斯：萧条经济学的演化生成与理论挑战 [J]. 学术月刊，2022，54 (3)：72-100.

[26] 徐现祥，王贤彬，高元骅. 中国区域发展的政治经济学 [J]. 世界经济文汇，2011 (3)：26-58.

[27] 于海峰，王方方. 构建新时代开放型经济网络体系 [J]. 财贸经济，2019，40 (8)：5-17.

[28] 张可云，沈洁. 区域协调发展中的政府体制改革思路 [J]. 中州学刊，2017 (1)：20-26.

[29] 张维迎. 产业政策争论背后的经济学问题 [J]. 学术界，2017 (2)：28-32.

政府与市场经济学：对经济学理论体系的创新与发展①

李宜达

摘　要　政府与市场经济学作为全新的经济学分支，致力于从中国改革开放的成功实践中总结和提炼经济学理论新知。按照政府与市场经济学的观点，在现代市场经济体系中，存在着两大竞争主体，分别是企业和区域政府，并且区域政府具有“准宏观”和“准微观”双重属性。政府超前引领是政府与市场经济学的核心理论，可从宏观和中观两个层面分别进行认识。中国经济学界在政府与市场经济学的创新方面大有可为，关键在于准确把握中国经济发展的新形势和新情况，以及经济现象的普遍性和特殊性。

关键词　政府与市场经济学；双重主体；双重属性；超前引领

一、改革开放实践蕴藏政府与市场理论新知

一个国家或地区的经济增长，本质上源于劳动生产率的提高。从宏观经济增长理论来看，劳动生产率的提高主要依靠技术

---

①　原载于《北方经济》2022年第11期。

进步。而推动技术进步的关键在于促进专业化分工。按照亚当·斯密的观点，专业化分工取决于市场规模，市场规模的不断扩大有利于促进专业化分工。而推动市场规模的扩大就需要政府有所作为，一方面政府需要逐步完善产权保护，为企业家创新创业提供激励；另一方面也需要政府不断改善营商环境，降低市场经济运行的交易成本。这实际上就是现代市场经济体系中政府与市场相互作用的逻辑本源。

改革开放以来，中国的经济实践一直围绕着政府与市场关系的探索展开，虽然这一过程有借鉴和吸收西方政府与市场经济理论的有益思想，但也一直强调要立足于中国基本国情和具体经济实践进行制度改革与对外开放，并由此逐渐形成了具有中国特色的政府与市场经济理论。不同于西方主流经济学中政府与市场二元对立的思想，中国特色的政府与市场经济理论强调政府与市场之间是相互赋能、相辅相成的关系。

中国改革开放的成功实践蕴藏着政府与市场理论新知，揭示出“有为政府”与“有效市场”相结合是中国特色社会主义市场经济的显著特征（陈云贤，2019）。因此，近年来中国经济学界为从中国改革开放实践中总结和提炼经济学理论新知，致力于创立全新的经济学分支：南方以陈云贤教授领衔创立的“中观经济学”为代表，北方以李稻葵教授领衔创立的“政府与市场经济学”为代表。目前，全国已有十余所高校开设了“中观经济学”学科，并且广东有多所高校将其设置为理论经济学下的二级学科。“政府与市场经济学”的影响力也在不断增强，该学科还成立了专门的国际学会，也推出了学术刊物（李稻葵，2021）。

中观经济学主要从区域政府的经济行为出发，研究资源生成基础上的资源配置问题，并由此形成了“资源生成”理论、“市场双重主体”理论、“政府超前引领”理论等诸多原创性理论。政府与市场经济学主要专注于政府自身体制、机制的设计与调整，研究政府如何更好地培育、引导和匡正市场发展并实现与市场的高效互动和契合发展。基于此，政府与市场经济学有三个基本理念：第一，政府是现代市场经济的重要参与者和竞争者；第二，市场经济运行是否平稳、是否会出现危机，政府行为至关重要；第三，政府“有为”不是偶然现象，背后一定有各类激励制度和约束制度在发挥作用。

无论是中观经济学，还是政府与市场经济学，二者均强调政府在现代市场经济体系中的重要地位，同时也强调政府在经济发展中的引领作用。从内容涵盖范围来看，“政府与市场经济学”涉及宏观经济调控、中观主体竞争、微观机制设计等方面，故可将“中观经济学”视为其重要组成部分。

二、 市场经济双重主体与区域政府双重属性

按照政府与市场经济学的观点，在现代市场经济体系中，存在着两大竞争主体，分别是企业和区域政府。这两大竞争主体的互动主要表现为政企关系的演变，而政企关系的演变实际上反映的是经济社会在不同发展阶段下发展理念和发展方式的转变，同时也体现了“产权经济”和“职权经济”这两种经济成分比重的动态调整。在现代市场经济体系中，调动资源的权利有两种，分别是产权和职权。利用产权调动资源的经济成分属于“产权经济”，利用职权调动资源的经济成分属于“职权经济”（张维迎，2011）。

在以追求经济增速为导向的发展阶段，企业竞争体系和区域政府竞争体系二者之间有时会存在利益耦合，此时“职权经济”的比重大于“产权经济”，因此这一阶段的政企关系容易表现为“政企合谋”状态。在以追求经济质量为导向的发展阶段，企业竞争体系和区域政府竞争体系之间既各自独立又相互支撑，具有较为清晰的边界，可以概括为“亲”“清”政商关系，与此同时“产权经济”的比重逐渐上升，“职权经济”的比重不断下降，这一阶段的政企关系主要表现为“政企合作”状态。产业政策作为区域政府引领和发展地方经济的重要抓手，在不同政企关系的情形下，其作用效果也往往不同。在“政企合谋”的情形下，产业政策可能会促成某种既得利益集团，从而损害区域竞争和地方福利；而在“政企合作”的情形下，产业政策能够较好地发挥正面作用，进而推动区域经济高质量发展（聂辉华，2020）。因此，中国经济建设在从追求经济高速增长向强调经济高质量发展转变的过程中，区域政企关系逐渐从“政企合谋”走向“政企合作”，“产权经济”得到大力发展和有效保护，“职权经济”得以逐步规范和不断完善。

从中国的经济实践来看，区域政府在参与经济建设的过程中表现出双重属性：一是“准宏观”属性，即区域政府作为国家代理对区域经济进行调节；二是“准微观”属性，即区域政府之间会根据市场经济规则展开竞争。区域政府的“准宏观”属性体现的是一种协调功能，也就是区域政府担当本区域政治、经济、城市和社会等管理者角色。区域政府的“准微观”属性体现的是一种竞争机制，也就是区域政府会像市场中的企业一样，相互之间展开竞争，而竞争的目标是追求本区域经济利益的最大化，包括在项目、产业链和进出口等方面与区外政府的竞争及与上级政府的协调等。财政收入是区域政府双重属性有机统一的核心变量：一方面，从“准宏观”属性来看，财政收入水平是决定区域政府经济调节能力的关键因素；另一方面，从“准微观”属性来看，财政收入大小构成了区域政府竞争的目标函数。正是区域政府的双重属性赋予了中国区域经济建设强劲动力，为整体经济的快速发展提供了强大支撑。

市场经济双重主体论和区域政府双重属性论，是政府与市场经济学从中国改革开放的经济实践中总结和提炼的理论新知。这在一定程度上修正了传统市场经济研究的理论缺陷，是对现代经济学理论体系的进一步创新和发展。

三、超前引领：政府与市场经济学核心理论

政府与市场经济学之所以能够成为具有中国特色的政府与市场经济理论，就在于其深刻揭示出了政府在经济建设中存在着超前引领的作用。政府的超前引领对于市场经济的发展和完善具有巨大推动作用，是政府与市场经济学在中国改革开放成功实践中所总结出的宝贵经验。超前引领的核心内涵是：政府综合运用各种合法工具，事前去做市场做不好或无法做的事。这一内涵有三个基本要点：一是超前引领的工具具有综合性，并形成一个工具箱，具体包括会议定调、政策项目、立法立规、财政金融、市场手段等；二是超前引领的时间是事前的，体现的是政府干预的前瞻性；三是超前引领的范围是去做市场做不好或无法做的事，以达到培育、引导和匡正市场发展的目标。对于政府的超前引领作用，可从宏观和中观两个层面分别进行认识。

从宏观层面来看，超前引领表现为“党定调—政府引导—

市场决定”的中国特色宏观调控模式（李宜达，2021）。“党定调”是指党中央根据对国内经济形势和国际环境变化的科学研判，明确新一期经济建设工作的总基调。例如，每年12月召开的中央经济工作会议，是党治国理政和超前引领的重要制度安排会议。中央经济工作会议在总结过去一年成绩和经验的基础上，判断当下经济形势，为新一年宏观经济政策定调，同时部署安排来年的相关工作。“政府引导”是指国务院根据党中央对于经济形势的最新研判，组织国家发展和改革委员会等宏观经济管理部门制定相应的发展战略和发展规划并抓紧实施。宏观经济政策的实施往往强调精准，遵循“治未病”的原理，即注重防患于未然，预防系统性风险的发生。“市场决定”指市场主体针对制度环境和营商环境的变化适时调整生产布局，从而更好地发挥市场在资源配置中的决定性作用。理论上，政府在宏观层面的超前引领，与西方凯恩斯主义的政府干预思想有着本质的区别，主要体现在以下三个方面：第一，凯恩斯主义主要是进行事中干预和事后干预，而政府超前引领主要体现为事前行为。第二，凯恩斯主义的调节重点仅在于需求侧，而政府超前引领注重供给侧改革和需求侧管理相结合。第三，凯恩斯主义往往着眼于熨平短期经济波动，强调的是中央政府对宏观经济的逆周期调节；而政府超前引领理论则将中央政府宏观调控视为一门“艺术”，认为宏观调控应兼顾经济增速等短期变量和结构优化等长期因素，实现“调总量”和“调结构”的有机统一。

从中观层面来看，超前引领表现为区域政府对可经营性资源、非经营性资源及准经营性资源三类区域资源进行前瞻性布局（陈云贤，2020）。可经营性资源是指与区域经济相对应的资源，主要包括区域的产业资源和自然资源；非经营性资源是指与区域民生相对应的资源，主要包括区域的公共产品和公益项目；准经营性资源是指与区域建设相对应的资源，主要包括区域的基础设施和社会保障。区域政府对于可经营性资源进行超前引领的主要抓手是产业政策，需要依据本地的比较优势谋划资源布局。区域政府对于非经营性资源进行超前引领的主要方式是道德调节，通过道德力量发挥其对市场主体的调节作用，引导这一类资源实现高效配置。区域政府对于准经营性资源进行超前引领的主要工具是财政金融，通过多渠道获取和吸引资金，投入和动员各类对本地经济发展存在拉动作用的已有项目或潜在项目，以最大限度地盘活本地经济并构筑区域经济发展潜力。

需要特别强调的是，超前引领并不意味着政府可以替代企业家进行决策，而是应当更加尊重市场经济规律。根据哈耶克的知识分散论，经济社会生产生活所需要的全部知识和信息，是分散在不同市场主体包括企业家的认知之中的。特定环境下的创新、生产及销售等知识和信息是由特定企业家所掌握的，并且这些知识和信息也不是一成不变的，而是会动态变化的，需要企业家不断学习和试错，最终才能找到实现资源最优配置的合理方案。计划经济体制不可能掌握经济社会生产生活所需要的全部知识和信息，因此会不可避免地导致资源配置的扭曲。所以超前引领绝不等同于计划体制，任何关于重回计划经济的论调都是对中国经济改革方向的误判。超前引领关键在于坚持市场的逻辑，明确市场在资源配置中的决定性作用，不断加强产权保护和改善营商环境。

四、政府与市场经济学理论建设的未来展望

从政府与市场经济学视角考察中国改革开放的成功历程，是在中国经济发展实践中总结和提炼经济学理论新知的可行路径。中国经济学界在政府与市场经济学创新方面大有可为，关键在于聚焦新发展阶段下中国经济发展的新形势和新情况，从中国经济实践的独特性引出西方政府与市场经济理论所无法给出解释的现实问题，进而总结和提炼出具有普遍实践意义的现代经济学理论。具体来说：

其一，“区域”概念应当纳入政府与市场关系理论的分析框架之中，并构成政府与市场经济学的三维谱系（李宜达，2021）。现阶段，中国正在迈向社会主义现代化建设新征程，而区域现代化是现代化强国建设的关键支撑。国际经验表明，以区域现代化带动整体现代化，进而实现国家现代化，是大国推进现代化建设的必经之路。实际上，无论是当前城市群与都市圈建设，还是全国统一大市场建设，关键都在于从“区域先行”着眼进行政府与市场关系的调整与布局。而新时期中国区域发展面临的主要问题是区域市场分割、地方政府“各自为政”，因此，在新发展阶段下，改革应从调整政府与市场关系着眼，打破区域市场分割，构筑地方合作机制，推动要素自由流动，进而寻找到区域政府竞争和区域政府合作这两大区域发展动力的最优平衡点。

其二，政府与市场经济学理论建设不能仅停留在对过往改革经验的总结上，还应结合经济社会的新元素不断丰富理论体系。

在新冠肺炎疫情和世界变局双重问题叠加之下，全球诸多国家争先将经济发展重点放在培育和建设数字经济上，而现阶段中国也在致力于以数字经济构筑未来经济发展的动力源泉。因此，在数字化转型的全新思维框架下探索政府与市场关系理论新知，已成为当前中国经济学界的新使命。未来要重视数字经济时代所赋予政府与市场经济学的新内涵，紧抓数字经济时代政府与市场关系的新特点和新变化，研究在数字化转型期如何设计和调整政府自身的机制体制，从而更好发挥政府对于市场经济建设的超前引领作用。

参考文献

[1] 陈云贤. 探寻中国改革之路：市场竞争双重主体论 [J]. 经济学家，2020（8）：16－26.

[2] 陈云贤. 中国特色社会主义市场经济：有为政府＋有效市场 [J]. 经济研究，2019，54（1）：4－19.

[3] 李稻葵. 政府与市场经济学：从中国共产党领导的工业化伟大实践提炼经济学新知 [J]. 中国工业经济，2021（7）：9－12.

[4] 李宜达. 双循环新发展格局下区域、政府与市场的协调整合 [J]. 中国西部，2021（6）：43－48.

[5] 李宜达. 党领导政府与市场关系建设的经验及启示 [J]. 学习月刊，2021（9）：15－18.

[6] 聂辉华. 从政企合谋到政企合作：一个初步的动态政企关系分析框架 [J]. 学术月刊，2020，52（6）：44－56.

[7] 张维迎. 市场的逻辑与中国的变革 [J]. 探索与争鸣，2011（2）：8－11.

第二篇

超前引领：构建双循环新发展格局

双循环新发展格局下区域、政府与市场的协调整合[①]

李宜达

摘　要　双循环的本质是一国根据其特定经济发展阶段适时调整经济发展导向，以充分利用国内和国外“两个市场”实现资源高效配置的方式。纵观中国共产党的经济发展探索实践，我国内循环和外循环的结构变化与当时的时代特点紧密相关，而区域、政府与市场在内外循环的发展中均发挥着不可替代的作用，成为新中国成立以来我国区域经济平衡哲学的三维系谱。双循环发展战略的内在要求是在厘清政府与市场关系的基础上，纳入区域平衡发展理念，对区域、政府与市场这三者的作用路径加以协调整合。为此，应从建设循环赋能经济网络结构着眼，构建协调分工的区域网络、协同共进的政府网络及平衡共享的商贸网络，以三维网络之力打造我国经济发展新格局。

关键词　双循环；区域平衡；政府与市场

---

① 原载于《中国西部》2021年第6期，笔者在原文基础上进行了补充。

一、引言

基于全球经济发展趋势和中国经济发展方向，党的十九届五中全会明确提出“加快构建以国内大循环为主体、国内国际双循环相互促进的新发展格局”[①]。双循环发展框架的重塑既需要充分发挥我国庞大的市场规模优势与内需发展潜力，也必须依靠有为政府的不断发力以实现制度体系的完善和交易成本的降低（王曙光、王彬，2021）。此外，由于当前全球产业体系呈现出明显的区域化特征，区域空间概念也应纳入构建双循环新发展格局的考量之中（樊纲，2021）。

回顾党的奋斗历程可以发现，从新中国成立以来，中国共产党一直重视通过内循环或外循环的建设来推动区域经济的协调平衡发展。对于整体区域发展而言，实现区域经济的协调平衡是维持社会和政权稳定的重要基础。笔者从区域平衡发展机制的视角出发，基于政府与市场关系的内在逻辑，回顾新中国成立以来我国内外循环结构的演进脉络，对双循环新发展格局下区域、政府与市场的整合关系展开讨论，以加深对双循环新发展格局的理解。

二、区域发展视野下内外循环建设的演进：“区域—政府—市场”三维系谱与共产党人智慧

中国共产党关于内外循环体系建设的经济探索历史实践，与

---

① 《中共中央关于制定国民经济和社会发展第十四个五年规划和二〇三五年远景目标的建议》，载《人民日报》2020年11月4日第1版。

我国协调平衡区域经济发展的演变脉络高度相关，其逻辑本源始于区域、政府与市场三者的协调整合作用，其模式的发展和成熟也源于区域、政府与市场三者的互动契合发展。基于此，笔者从区域、政府与市场三维视角，对新中国成立以来历代中国共产党人关于区域平衡发展战略的历史沿革及相应时期内外循环体系的建设探索进行梳理。

（一）区域发展探索期（1949—1977 年）：中央统筹总体布局，发挥地方联动效应，以内循环协调区域发展

在新中国成立之初，由于世界主要经济体对新中国的敌对态度及经济封锁，除了“一五”计划期间，我国基于当时自身的发展迫切需要引进苏联 156 个重大项目以外，整体经济运行基本上处于内循环状态（洪银兴，2021）。从 1949 年新中国成立到 1956 年社会主义改造基本完成，是基于内循环发展模式下政府逐渐替代市场的过程（包炜杰、周文，2020）。在外循环不畅，内循环为主的大背景下，我国依靠集中统一的经济体制充分调动起各种资源和技能，对社会主义改造时期的经济建设发挥了至关重要的作用。以内循环为主体的经济运行模式关键是要调动起社会各方面参与经济建设的积极性，然而，新中国成立初期过度集中的经济支配权无法有效促进各地方政府充分发挥其主观能动性以因地制宜地发展地方经济，在一定程度上加剧了发展不平衡的程度。毛泽东同志逐渐意识到这一经济体制的历史局限性，主张从央地关系结构调整着眼推动区域经济协调平衡发展（苏力，2004）。1956 年，在《论十大关系》一文中，毛泽东同志基于对央地关系重构的思考，论述了协调平衡区域经济发展的战略构

想，认为要采取中央与地方并举的方式推进区域经济综合平衡发展[①]。毛泽东同志在文章中分析指出，没有地方政府的积极性，经济建设就会缺乏生机与活力，难以实现综合平衡，而相应开出的处方就是“放权让利，调动积极性”（王海光，2018）。同年，中共八大再一次强调社会主义建设必须调动各地区的积极性，同时提出推进综合平衡发展的总体路线（何敬文、李放，2014）。1959 年，在庐山会议前期，毛泽东同志还对经济发展战略做出深刻总结：“在整个经济中，平衡是个根本问题，有了综合平衡，才能有群众路线。”[②] 总体来看，在外部形势导致新中国成立之初外循环不畅的大环境下，社会主义建设道路的初步探索主要明确了以内循环为主的经济发展模式，立足于政府在经济与社会网络中的主体地位，由中央集权尝试向地方分权，并试图畅通上下信息传递机制，致力于构建起以中央政府为核心、以地方政府为中介的区域资源配置机制（颜佳华、易承志，2007）。一方面以充分发挥政府的统筹协调能力为先导，在生产力布局上坚持“全国一盘棋”，实施宏观经济的综合平衡发展战略；另一方面尝试进行经济体制改革，从下放权限入手调整中央与地方的关系，调动地方政府发展经济的积极性，充分利用“两个积极性”来发展社会经济。尽管这一战略构想在实际实施过程中有不尽人意之处，但其方向的正确性及影响的深远性是毋庸置疑的（韩奇，2015）。

① 参见中共中央文献研究室编《毛泽东文集（第七卷）》，人民出版社 1999 年版，第 25－26 页。

② 中共中央文献研究室编：《毛泽东文集（第八卷）》，人民出版社 1999 年版，第 116 页。

（二）区域发展调整期（1978—1991 年）：开放市场盘活经济，发挥商贸流通机制，以外循环释放区域活力

1978 年党的十一届三中全会以后，以邓小平同志为主要代表的中国共产党人，基于国际发展环境的巨大变化，从中国基本国情出发，推行市场化导向的渐进式改革，致力于以畅通外循环为突破口向经济发展注入活力，寄希望于以局部循环带动整体循环的发展方式建设从失衡最终走向平衡的特色经济（王学忠，2015）。在这一阶段，我国实施以沿海区域作为构筑外循环体系流动中介的开放探索。从 1980 年到 1991 年，我国开始以设立经济特区的方式进行市场培育，并且相继开放了 14 个沿海城市。1990 年，我国出口首次超过进口，出现了顺差，标志着这一阶段的外循环建设取得实质性进展。与外循环体系构建相配套的是这一时期的渐进式市场化改革，政府以逐渐放开对市场全面控制的方式促进外循环基本架构的形成（刘磊、卢周来，2019）。从 1982 年中共十二大的“主辅论”（计划经济为主，市场调节为辅）到 1987 年中共十三大的“调节论”（国家调节市场，市场引导企业），再到 1992 年中共十四大的“基础论”（使市场在资源配置中起基础性作用），我国以外循环为导向的价格、金融及流通机制等各方面改革一步步开展。对商品贸易、民营经济的开放使大量要素资源从以政府支配为主体的内循环网络中脱离并进入以区域开放为重点的外循环市场交易之中，进而催生出一系列商贸平台、市场中介，形成体制转轨框架下区域、政府与市场的联动整合关系（宗寒，2014）。通过渐进式发挥市场在资源配置中的基础性作用，兼以合理发挥政府的作用，逐步推进外循环畅通，从而释放区域经济发展活力（陈开菊，2018）。对于发展的平衡性，基于以局部跃升带动整体发展的战略思考，邓小平同志提出先从沿海市场开放入手，发展商品贸易并推动沿海率先实现现代化以带动全国现代化，认为要承认不平衡，同时要从不平衡逐步达到相对的平衡，逐步实现共同富裕（梁志峰，2021）。作为中国特色社会主义理论的创立者，邓小平同志以其独创性思维丰富和发展了中国区域经济发展的平衡哲学（和杰，2011）。

（三）区域发展关键期（1992—2011 年）：空间规划、协调布局，发挥地区比较优势，以外循环推进区域发展

改革开放以来，随着经济全球化的不断深入，我国的外循环体系进入高速发展阶段，外循环在多年的探索实践中积累经验，各方面政策逐渐完善。2001 年我国加入 WTO 之后，以纵深推进外循环为目标的体制机制改革加速进行，市场在资源配置方面发挥日益重要的作用。与此同时，这一时期关于空间发展的理念逐渐形成并不断得到强化，产生了一系列关于提高我国区域经济发展平衡性的战略构想和政策方针（张宝香，2001）。世纪之交，以江泽民同志为主要代表的中国共产党人，高度重视区域经济发展的平衡性和协调性，致力于从空间战略规划入手为构建赋能外循环的区域分工网络谋篇布局（秦尊文，2003）。1997 年，党的十五大明确提出要“发挥各地优势，推动区域经济协调发展”。此后，针对我国东西部区域经济发展不平衡问题，国家做出实施西部大开发战略的重大决策。党的十六大以来，以胡锦涛同志为主要代表的中国共产党人，进一步丰富和深化中国区域经济发展的平衡哲学思想，着眼于进一步缩小欠发达地区与发达地区的发展水平差距，提出振兴东北地区等老工业基地、促进中部地区崛起的奋斗目标（陈光，2012）。在以外循环为主体的发展模式下，区域发展战略带有明显的市场开放特征，致力于以统筹区域协调发展的方式推进不同区域局部网络的形成和联结，通过盘活欠发达地区经济资源，将发达地区的“虹吸效应”逐步转化为对欠发达地区的“外溢效应”（杨小军，2009）。2007年，党的十七大继续明确以“西部大开发、振兴东北、中部崛起、东部率先发展”为核心内容的区域发展总体战略，此后区域发展的平衡性和协调性得到空前关注，促进区域平衡协调发展的政策以前所未有的密集程度相继出台。2011年，我国开始实施主体功能区战略，基于先天要素禀赋与地理区位特征，从发挥各地比较优势入手打造区域分工网络，推动地区间的合理分工与联动发展，这在一定程度上增强了地区间政策的协调性和精准度，进一步深化了空间平衡理念和区域网络思维（谢里等，2015）。

（四）区域发展战略期（2012年至今）：内外联动赋能经济，发挥三维网络效应，以双循环平衡区域发展

党的十八大以来，以习近平同志为核心的党中央，综观国际国内形势及发展环境变化，从深化改革赋能内循环和扩大开放助推外循环着手，对新时期我国区域经济平衡发展进行一系列全新的战略谋划（卢福财等，2021）。2013年，党的十八届三中全会明确指出经济体制改革的核心是处理好政府与市场的关系问题，要“使市场在资源配置中起决定性作用和更好发挥政府的作用”。这一创造性表述标志着在新发展阶段下新一代中国共产党人对政府与市场辩证关系认识的新突破，体现了我国改革沿着市场化方向日益扩展和纵深推进（刘伟，2018）。与之相呼应的是这一时期以内外联动赋能经济为导向的区域发展战略，主要包括城市群发展和经济带构建等。党的十九大明确指出，人民日益增长的美好生活需要和不平衡不充分的发展之间的矛盾，已成为新时代中国社会面临的主要矛盾，强调提高发展平衡性是未来推进中国经济建设的关键着眼点。由此，平衡性发展格局的构筑成为新时期中国推进内循环网络建设和外循环体系发展的新航标（尹伯成，2021）。无论是以供给侧改革、需求侧管理为抓手推进高质量的内循环建设，还是以区域空间规划、营商环境优化为重点推动高水平的外循环发展，都呈现出前所未有的发展速度。2020 年，新冠疫情的暴发严重冲击世界经济，致使全球需求市场萎缩，同时加剧各国之间的结构性洗牌，大国博弈不断。在世界百年未有之大变局下，党中央提出构建双循环新发展格局，强调以内循环为主体兼之外循环畅通。基于当前经济呈现出多层次的网络化特征（于海峰、王方方，2019），我国正加快构建以国内大循环为主体、国内国际双循环相互促进的新发展格局，有利于充分发挥地区间的平台优势与中介效应，打造平衡共享的商贸网络、要素流动的区域网络及节点互联的政府网络，对于引领和推进新时代中国区域经济从失衡逐步走向平衡具有重大意义（张倩肖、李佳霖，2021）。

三、双循环新发展格局构建的重要基础：区域、政府与市场的契合发展

（一）区域、政府与市场在内外循环发展框架中的协调整合

纵观中国共产党关于内循环与外循环的经济探索历史实践，改革开放前的三十年我国经济基本上属于单一的内循环状态，改革开放后的前三十年我国内循环模式开始弱化，外循环的地位持

续提升（江小涓、孟丽君，2021）。而自经济发展进入新时代以来，由于产业链和供应链的逐渐完备，我国自给自足的内循环模式持续强化。因此，在我国经济总量和国内需求规模不断扩大的大背景下，外循环的地位呈现出由升到降的趋势，内循环的地位则表现为持续提升的状态。特别是当下全球经济格局呈现出一些前所未有的新变化，全球供应链的转换及美国对中国产业链的施压，这些都促使我国经济发展战略因时制宜进行了调整，强调构建以国内大循环为主体、国内国际双循环相互促进的新发展格局。

双循环的本质是一国根据其特定经济发展阶段适时调整经济发展导向，以充分利用国内和国外“两个市场”实现资源高效配置的方式（乔晓楠、王奕，2021）。因此，内循环与外循环地位的演变脉络往往内嵌于政府与市场关系的调整框架之中。在传统西方经济学理论中，政府与市场是一种非此即彼的动态替代关系（李宜达，2020），有关其作用与边界的讨论绵延数百年仍没有明确的结论，归根到底源于西方经济学理论框架下政府与市场的二元对立。

有关政府与市场的二元对立论，最经典的例证始于经济学开山鼻祖亚当·斯密的“小政府论”，其指出市场机制就如一只“看不见的手”，指引着经济资源往高效领域去配置，而政府只需充当“守夜人”的角色去提供公共产品。[①] 此后，政府与市场二元对立论成为世界主流经济学的基本共识。进入20世纪之后，经济学界进一步强化关于政府与市场二元对立的理论认识，而这种对立分析结构直观反映在两种阐述立场截然相反的经济理论

① 参见［英］亚当·斯密《国民财富的性质和原因的研究（下卷）》，郭大力、王亚南译，商务印书馆1974年版，第30－31页。

上，即以哈耶克为代表的自由放任原则的理论表达和以凯恩斯为代表的国家干预主义的政策倾向表达。在政府与市场二元对立论的分析框架下，人们往往无法准确认识不同国家在不同发展阶段关于内循环和外循环异质性的分界，因为其简单地将政府与市场之间的联系界定为单一线性的完全排他关系，割裂了经济社会不同历史时期与特定发展环境的内在联系。正是基于对内循环和外循环地位的科学把握与适时调整，我国有效突破政府与市场二元对立的西方经济学传统局限，将区域空间思维与经济平衡哲学纳入政府与市场关系的实践探索中，并最终走向政府、市场、区域三者协调整合的“辩证法”，创造了举世瞩目的“中国奇迹”。

从新中国的经济发展演进脉络来看，区域、政府与市场在我国推进内循环和外循环及提高经济发展平衡性与可持续性的过程中均发挥着难以替代的作用。首先是关于政府自身能力的建设。在改革开放前三十年，主要是基于单一内循环状态的政府网络构建。自进入改革开放以来，政府自身能力的建设纳入两个新维度：一是认识所辖区域禀赋的能力，即根据区域禀赋状况制定经济发展战略；二是认识市场作用界限的能力，即对市场失灵领域进行适时政策干预（万晓琼，2020）。其次是关于市场机制作用的发挥。在改革开放前三十年，我国以单一内循环为导向推进配置权限集中化，实现政府对市场的逐步替代。而自进入改革开放以来，我国经济体制改革以发挥市场配置资源优势、构建市场配置资源体制机制为主线，致力于通过推进外循环发展的方式充分激活市场主体、不断增强市场力量、逐步完善市场机制。

另外是关于区域禀赋概念的认识。在改革开放前三十年，区域经济的平衡协调发展在中国共产党的经济探索实践中占据着较为重要的位置，不过这一时期关于区域禀赋的概念和空间规划的理念一直较为模糊。而自进入改革开放以来，特别是中国加入WTO以后，以市场经济为基础的WTO多边贸易体制极大地促进了我国外循环的发展，从区域禀赋和空间规划着眼进行外循环布局的经济思维逐渐得到强化。区域禀赋构成了区域参与经济循环的比较优势，也是促进区域经济发展的重要载体。而要较好地解决区域发展在市场机制作用下出现的发展速度差异问题，就需要政府根据具体区域禀赋有所作为，充分利用前瞻性产业规划和结构性空间规划引导区域要素与资源的配置方向，以强化基础设施水平、实施政策待遇优惠、提高劳动素质教育等方式盘活落后区域的经济资源，通过适时有效的政府干预手段（包括与区域拥有的禀赋相契合的产业创新政策和空间发展规划，以及与区域缺乏的禀赋相契合的发展支持计划和地区帮扶方针）将区域禀赋与提高经济发展平衡性和可持续性有机结合起来。这种与区域禀赋相契合的发展模式，本质上是通过充分发挥有为政府之力，在一定程度上减缓或避免由市场自发作用而导致的区域在参与经济循环过程中所面临的诸如经济波动、经济危机等发展阵痛和剧烈动荡。

（二）双循环新发展格局与区域经济平衡发展的有机统一

无论是经济内循环还是外循环，其核心都是畅通资源要素流动机制，促进生产要素自由流动，激励技术进步和科技创新，加快产业链与供应链的发展，从而形成促进产业升级的动力、推动经济增长的活力及吸收外部冲击的能力。为积极应对因国内外形势所导致的结构性转变，我国强调经济发展要更多地依靠国内循环，通过充分利用国内的超大市场，把结构性潜能有效激发出来，从而推动我国经济进入更好的良性循环。在此过程中，双循环通过服务我国经济发展大局，助力我国社会主义现代化建设开启新征程。而在迈向社会主义现代化建设新征程的过程中，我国也正着力提高区域经济发展的平衡性及可持续性。现阶段，我国区域发展战略的框架主要由区域发展总体战略、区域重大战略，以及其他相关战略构成（表1）。

表1　现阶段我国区域发展战略的框架

战略类型	具体战略
区域发展总体战略	西部大开发战略、振兴东北地区等老工业基地战略、促进中部地区崛起战略、东部地区率先发展战略
区域重大战略	京津冀协同发展战略、长江经济带发展战略、粤港澳大湾区建设战略、长江三角洲区域一体化发展战略、黄河流域生态保护和高质量发展战略
其他相关战略	成渝地区双城经济圈建设战略、海南自由贸易区建设战略

（资料来源：笔者根据相关文献整理。）

推动区域经济的平衡发展，本质上是通过有为政府与有效市场的互动来推进区域局部分工网络的联结，从而构建出一个协调平衡的高效分工体系。新时代平衡性发展理念要求以有效发挥市场在经济资源配置领域的高效作用为基础，运用有为政府之力弥补市场失灵，从空间战略布局规划入手，构建一个供需平衡、内外协调、成果共享的经济社会。从马克思主义政治经济学分工理论来看，构建基于双循环的经济发展新格局与打造平衡型区域经济发展新模式实际上是相辅相成、相得益彰的。马克思主义政治经济学分工理论主要从三个层次研究生产分工问题：一是微观层面的分工，即企业分工。在马克思的分工理论看来，企业内部分工作为经济发展的一个历史阶段，核心问题是研究如何以内部分工推进企业内经济资源的高效循环，从而实现劳动生产率的提高。二是宏观层面的分工，即社会分工。根据马克思分工理论观点，社会分工以不同劳动部门的产品交换为媒介，是以商品生产和商品交换为基础的社会资源循环的前提条件，而社会分工又以生产资料分散在许多不同的商品生产者手中为前提。三是全局层面的分工，即国际分工。从马克思主义政治经济学分工理论来看，以资源要素外循环为导向的国际分工是人类生产力发展到一定阶段的必然产物，国际分工的深化又为社会生产力的发展创造必要的前提。社会生产力不断发展是国际分工深化及各国外循环经济体系迅速发展的重要基础，而国家之间分工的不断深化及外循环模式的逐渐发展反过来又促进社会生产力的进一步提高。

马克思主义政治经济学分工理论揭示了分工的制度内涵，指出分工通过促进专业化生产来加强国内市场和国际市场之间的联系，从而实现国内循环与国际循环相互促进。推动区域经济的平衡发展关键是要构筑协调完整的分工体系，而分工体系越是完整，具体劳动的种类就越多，专业化经济就越发达，投入交换的商品品种和数量就自然越多，市场的规模也就会越大。市场规模的扩大反过来又会推动分工体系的深化，进一步促进生产的专业化，推进微观分工、宏观分工及国际分工的有效衔接，从而实现国内分工与国际分工的有机结合，畅通国内循环和国际循环之间的联系。基于此，构建内循环为主、外循环赋能、双循环畅通高效的经济发展新格局，是对新时期市场分工模式进行的战略性调整，从而构筑起有效应对国内外形势结构性转变的区域协调分工体系。通过着力突破过去以国际市场为主导进行分工体系布局的旧发展格局，逐步转向构建以国内分工为主体、以国内市场与国际市场相互赋能为重点的经济循环平衡发展新格局。

四、双循环新发展格局建设的关键抓手：构建区域、政府与市场三维网络体系

（一）明确地区经济发展定位，打造区域协调分工网络

按照区域经济发展规律，在发达地区和落后地区之间存在着两种作用方向截然相反的效应，即“虹吸效应”与“外溢效应”。国际经验表明，在区域发展过程中，由于市场自发作用而致使区域资源要素的流动总是沿着报酬更高的方向，发达地区对落后地区的“虹吸效应”往往大于“外溢效应”。因此，区域发展不平衡问题不可能完全依靠市场机制解决，而需要政府采取区域空间规划、产业政策引导等方式重塑区域经济发展结构和协调区域分工模式。然而，纵观中国区域发展演变脉络，由于不合理的行政干预所导致的区域市场分割问题阻碍了生产要素与经济资源跨区域自由流动，致使资源要素空间错配现象频繁发生，主要表现为国内大部分欠发达地区承接了与本地比较优势不符的产业，而发达地区的发展期产业却由于政策上的抑制措施被迫将企业转移到落后地区（陆铭等，2019）。

从现实发展情况来看，这种偏离区域经济发展规律的收敛式政策导向非但没有实现通过“外溢效应”的发挥来协调平衡区域经济的发展目标，反而在一定程度上强化了发达地区的“虹吸效应”，致使区域间的经济发展差距难以有效缩小。这归根到底是相关结构性、体制性问题所导致的区域市场零碎分割现象，难以在不同地区之间形成协调联动、分工合作的网络结构。在以国内大循环为主体、国内国际双循环相互促进的新发展格局中，

要真正改变上述区域发展失衡状况，就应以双循环新发展模式的建设为契机，将传统的“中心—边缘”区域发展结构转变为协调分工的区域网络结构，打造节点互联、平衡赋能的区域资源流动机制。而构筑区域协调分工网络的关键在于不同区域需要有明确的分工，各自具备不同的功能。在网络化的区域发展结构中，每个区域都有不可替代的功能，不同区域之间能够形成良好的互补关系。打造协调平衡的区域网络结构离不开契合型空间发展规划的支持和前瞻性产业发展政策的引导（林毅夫等，2018）。特别是对于欠发达地区而言，应当实行有所区分的、基于各自比较优势的发展政策，其基础设施投资也应与当地所对应的产业比较优势相关联。只有基于地区比较优势的合理分工与合作，才能充分发挥各个区域的核心功能和中介效应，实现区域经济的平衡协调发展。

基于此，构建有效分工的网络化区域治理结构既是提高区域经济发展平衡性与可持续性的核心问题，也是推动双循环新发展格局建设的重要抓手。未来要立足于国内大循环、内外双循环畅通的战略定位，明确各地区自身比较优势，促进资源要素跨区域自由流动，推进区际产业差异化、互补式发展。新时期空间建设规划应科学把握区域经济发展规律和内外循环客观联系，基于先天要素禀赋与地理区位特征，将相互协调、互补高效的产业协作体系建设作为主要抓手，着力凸显不同地区的区位优势与区域功能，推动区域治理从“中心—边缘”结构逐步演变为节点互联的网络结构。在双循环新发展格局中，推进优势互补、协同共进的区域分工网络布局的关键突破口是以区域经济协调平衡发展为核心的城市群建设。城市群既是国内大循环的中心节点，同时也构成内循环与外循环的战略连接。纵观全球区域经济发展动向，参与本地经济循环及全球经济合作与竞争的区域单元早已从单一城市现象逐渐演化为巨型城市区域。因此，随着新发展格局的推进，区域发展定位更要重视对内外双循环畅通的考量，应当将城市群建设作为经济循环的基础性空间组织载体。要充分把握双循环发展背景下城市群建设的重大机遇，通过城市协同网络的构建推动城市间的合理分工与联动发展，有效发挥各城市之间的平台优势与网络效应，从而构筑错位互补、协调明确的区域分工网络结构。

（二）畅通城市群内沟通机制，构建政府协商合作网络

以区域经济协调平衡发展为核心的城市群建设是构建以国内大循环为主体、国内国际双循环相互促进新发展格局的重要环节。而在城市群建设的过程中，政府最关键的任务是通过加快自身改革以形成有效的区域治理结构。营商环境问题、要素流动问题及区域协调问题，在相当程度上需要更好地发挥政府的作用。区域、政府与市场三者作用的发挥不是平行关系，而是互补关系。从新中国成立至今，中国共产党对经济探索历史实践来看，在推进区域经济协调平衡发展的过程中，如果政府不能有效发挥自身作用，那么市场或区域的效能往往会大打折扣。因此，有为政府作用的高效发挥是市场和区域在城市群建设中能够充分凸显其价值的前置条件。从这个意义上讲，深化政府自身改革是构建内循环为主、外循环赋能、双循环畅通高效的经济发展新格局的重要突破口。

从现阶段中国城市群建设的实际情况来看，城市的整体规划建设缺乏对区域经济一体化发展的大局把握，城市群内部不同城市间的有效沟通不足，各地区政府合作协商机制不畅通、不完

善，存在着市场零碎分割的现象，无法真正发挥不同城市的比较优势和平台优势。此外，尽管诸多区域合作圈概念早已进入城市群建设布局之中，但这些城市之间的实际合作情况尚未达到预期效果，难以打破城际藩篱。区域行政壁垒的存在致使一些战略性产业的布局相对分散，同时还可能导致城市群内部分城市发展存在定位模糊、重复建设及产业雷同的问题。未来只有进一步打破行政壁垒，才能真正推动城市群内资源要素的顺畅流动和产业分工协作体系的充分构建，进而促进资源有效配置与区域协调平衡。

基于当前行政壁垒所导致的市场作用受阻问题和经济资源错配现象，未来以城市群建设赋能双循环高效发展的关键是要畅通城市群内部的沟通协商机制，构建协同共进的政府合作网络。国际经验表明，由于发展环境和发展阶段的不同，以区域平衡发展为导向的区域治理结构主要存在三种模式：一是以政府治理为主、民间治理为辅的官方主导模式；二是以民间治理为主、政府治理为辅的多方参与模式；三是政府和民间联合组织的协调治理模式。从区域经济发展规律来看，以双循环发展模式为支撑的区域治理结构，既不是完全政府主导的单一官方治理，也不是政府作用式微的纯粹民间治理，而是一种逐渐趋向于由政府、官方部门、半官方机构、商会与社会团体及其他民间利益相关方共同参与的混合治理结构。而这种混合治理结构本质上是一种通过聚焦各方问题关注点、找准各方利益结合点而实现协同共进的区域政府协作网络（王方方等，2020）。新时期的城市群建设要从积极融入内循环为主、外循环赋能、双循环畅通的全新发展大局出发，不断畅通地方合作协商机制，逐渐打破各种体制、机制壁垒，通过构建区域政府协作网络，降低地区间的沟通成本和协商成本，促进城市群内部协调联动机制的有效形成。同时，要加快数字政府的建设，大力推动地方数据互联互通，以信息公开、数字开放的方式强化城市间的网络化效应，增强地区间政策的协调性和精准度，避免区际出现产业竞争、发展替代的现象，打造出相互联通、辐射带动的错位竞争共赢格局。

（三）打通市场流通体系堵点，构筑高效商贸流通网络

在社会再生产过程中，流通效率与生产效率在国民经济运行中处于同等重要的位置，是衡量一国市场整体运行效率的重要评价标准。现阶段，我国的市场流通体系建设虽取得明显进展，但相较于世界发达经济体而言，其现代化程度仍存在着巨大的提升空间。总体而言，当前我国的市场流通领域面临着诸多堵点亟待打通，主要表现为市场制度上的准入门槛、政策障碍和区域壁垒及流通运行中的多环节、高成本与低效率。从流通体系硬件建设的整体情况来看，基础设施建设不完善、不平衡，生产要素与经济资源跨区域流动存在较多障碍和分割。不完善的基础设施增加了资源要素跨地区流动的时间成本及区际商贸流通的交易成本，阻碍了发达地区与落后地区之间商贸流通网络的形成和发展。正是这些市场流通体系堵点的存在，制约了我国这一拥有十几亿人口规模和数亿中等收入群体购买力的庞大国内市场效能的有效发挥，在一定程度上也影响内循环与外循环的相互赋能。因此，畅通市场流通机制，进一步优化国内商贸流通体系，成为构建双循环新发展格局的关键突破口。

基于国内外经济的结构性变化，习近平总书记指出，构建新

发展格局，必须把建设现代流通体系作为一项重要战略任务来抓。[①] 只有打通市场流通体系堵点，构筑高效商贸流通网络，才能有效推进内循环与外循环的高水平发展，打造产销并进、供需互促的循环赋能平衡网络，塑造市场化、法治化及国际化营商环境。在双循环新发展格局中，市场流通体系既构成国内大循环的基础网络骨架，又是内循环与外循环相互对接的重要商贸接口。因此，构建全新发展模式需要高效的商贸流通网络作为支撑，必须明确商贸流通网络在双循环发展格局中的基础性作用，将建设以内循环为主、外循环赋能、双循环畅通为导向的现代商贸流通网络作为构筑中国在全球经济大变局中谋求新时期发展的新潜力所在和新动能所在。为了有效畅通我国的市场流通机制，必须进一步打破区际要素流动和产品交易的藩篱，通过提高市场化制度的效率和法治化水平来保障实现各类市场主体的有效竞争及市场准入、资源要素和产权保护等方面的公平获得，从而促进市场流通领域新业态、新模式不断涌现。

作为推动新时期中国经济高质量发展的重要抓手和战略任务，建设高效商贸流通网络关键在于坚持以改革思维和改革办法加快打通我国市场流通体系堵点，从供、需两侧抓牢扩大内需战略基点，通过基础设施的不断完善逐渐打破要素流动障碍，畅通国内落后地区与发达地区之间的市场流通机制，构建起内外联通、相互融合的商贸流通网络。以商贸流通网络的构建助力欠发达地区本地的商业经济发展，促进各地区比较优势和中介效应的发挥，形成循环协调的商业链与价值链。要坚持供给侧改革并聚焦需求侧管理，以新型基础设施建设为抓手牵引新时期的高质量

① 参见吴秋余《统筹推进现代流通体系建设》，载《人民日报》2020年9月21日第5版。

供给，重点推进以5G相关技术群为代表的高水平数字基础设施建设，鼓励国内龙头数字化企业推动产学研合作创新，通过建设数字化网络平台聚合多环节分工和多种类要素，打造数据多点连接、智能匹配供需及内外循环畅通的产业网链和供应网链，确保新时期产业链和供应链稳定。

参考文献

[1] 包炜杰，周文．政府与市场关系的演变和突破：兼论中国特色社会主义政治经济学的国家主体性［J］．学术研究，2020（11）：96－102.

[2] 陈光．用胡锦涛同志区域协调发展思想指导中西部地区科学发展［J］．东岳论丛，2012，33（1）：9－16.

[3] 陈开菊．略论邓小平的改革方法论［J］．科学社会主义，2018（3）：119－122.

[4] 樊纲．中国经济双循环：布局全球与扩大内需［J］．开放导报，2021（2）：7－10.

[5] 韩奇．毛泽东地方分权改革的历史回顾与现实反思［J］．西北大学学报（哲学社会科学版），2015，45（6）：158－168.

[6] 何敬文，李放．八大前后毛泽东对国内主要矛盾的探索［J］．马克思主义研究，2014（9）：24－32，159.

[7] 和杰．系统哲学与邓小平"先富带动后富"的区域经济发展观［J］．系统科学学报，2011，19（3）：10－13.

[8] 洪银兴．中国共产党领导建设新中国的经济发展思想演进［J］．管理世界，2021，37（4）：1－12.

[9] 江小涓，孟丽君．内循环为主、外循环赋能与更高水平双循环：国际经验与中国实践［J］．管理世界，2021，37（1）：1－19.

[10] 李宜达．疫情时期口罩厂商会趁机牟取暴利吗?：基于微观经济学视角及博弈分析［J］．社会科学动态，2020（7）：53－59.

[11] 梁志峰．邓小平共同富裕思想：要义·价值·遵循［J］．邓小平研究，2021（1）：12－26.

[12] 林毅夫，向为，余淼杰．区域型产业政策与企业生产率［J］．经济学（季刊），2018，17（2）：781－800.

[13] 刘磊，卢周来．邓小平关于经济改革和发展论述中蕴含的宏观调控思想［J］．党的文献，2019（5）：73－79.

[14] 刘伟．习近平新时代中国特色社会主义经济思想的内在逻辑［J］．经济研究，2018，53（5）：4－13.

[15] 卢福财，刘建，李冀恺．论习近平关于经济发展的重大理论创新［J］．当代财经，2021（7）：3－12.

[16] 陆铭，李鹏飞，钟辉勇．发展与平衡的新时代：新中国70年的空间政治经济学［J］．管理世界，2019，35（10）：11－23.

[17] 乔晓楠，王奕．理解新发展格局：双循环的政治经济学视角［J］．改革与战略，2021，37（3）：19－32.

[18] 秦尊文．江泽民同志的区域经济思想初探［J］．毛泽东思想研究，2003（3）：44－46.

[19] 苏力．当代中国的中央与地方分权：重读毛泽东《论十大关系》第五节［J］．中国社会科学，2004（2）：42－55，205.

[20] 万晓琼．区域、市场、政府协调整合的区域发展研究［J］．河北学刊，2020，40（6）：118－124.

[21] 王方方，李香桃，徐文燕．政府合作、网络演化与跨区协同效应：基于粤港澳大湾区的数据分析［J］．制度经济学研究，2020（4）：183－203.

[22] 王海光．《论十大关系》文本的形成与演变及其经典化［J］．中共党史研究，2018（3）：51－71.

[23] 王曙光，王彬．双循环战略、政府－市场关系与国家治理现代化

[J]. 党政研究，2021 (1)：122 - 128.
[24] 王学忠. 市场决定论对邓小平社会主义市场经济思想的坚持和发展 [J]. 求实，2015 (3)：53 - 58.
[25] 谢里，吴诗丽，樊君欢. 中国区域发展战略演变与驱动因素研究 [J]. 人文地理，2015，30 (2)：103 - 109.
[26] 颜佳华，易承志. 毛泽东政府价值观与当代中国政府价值选择 [J]. 毛泽东思想研究，2007 (2)：48 - 52.
[27] 杨小军. 建国 60 年来我国区域经济发展战略演变及基本经验 [J]. 现代经济探讨，2009 (9)：8 - 11.
[28] 尹伯成. 双循环新发展格局下供给和需求的动态平衡与良性互动 [J]. 江海学刊，2021 (3)：78 - 83，254.
[29] 于海峰，王方方. 构建新时代开放型经济网络体系 [J]. 财贸经济，2019，40 (8)：5 - 17.
[30] 张宝香. 论新中国区域经济思想的历史变革：从毛泽东、邓小平到江泽民 [J]. 国际商务研究，2001 (4)：20 - 23.
[31] 张倩肖，李佳霖. 构建双循环区域发展新格局 [J]. 兰州大学学报（社会科学版），2021，49 (1)：39 - 47.
[32] 宗寒. 邓小平市场经济理论的重大创造和新的发展 [J]. 探索，2014 (4)：4 - 8.

双循环新发展格局的现实逻辑与区域布局[①]

李宜达　王方方

摘　要　所谓双循环，是指一国经济资源与生产要素在国内和国外“两个市场”的充分流动及有效配置，在经济循环中实现结构变迁与经济发展。回顾新中国成立以来内外循环建设的演进脉络，我国经历了从单一内循环至大口径外循环，再到外循环地位下降的历史变迁。在新时期，为有效扩大内需，我国致力于构建以国内大循环为主体、国内国际双循环相互促进的新发展格局，这既是积极应对全球大变局的主动选择，也是有效增进本国人民福祉的必然要求。从中观经济布局视角来看，未来重塑双循环发展框架，可从区域经济网络建设着眼，构建区域商贸网络、区域城市网络以及区域治理网络，以三维网络布局构筑起双循环新发展格局的重要支撑。

关键词　双循环；中观经济；区域网络

① 原载于《工信财经科技》2022 年第 2 期。

一、引言

党的十九届五中全会明确提出要“加快构建以国内大循环为主体、国内国际双循环相互促进的新发展格局”①，党的十九届六中全会强调“立足新发展阶段、贯彻新发展理念、构建新发展格局、推动高质量发展”②。双循环新发展格局的建设符合新时期中国经济社会的发展方向，既是适应全球经济发展新变局的战略需要，也是迈入我国经济发展新阶段的必然选择。所谓“国内大循环”，是指一国通过充分开发国内市场，推动本国生产、流通、分配、消费各个环节的有序进行，以实现国内经济资源与生产要素的充分流动及有效配置。具体来看，生产过程的国内循环既包括微观层面的分工，即企业分工；也包括宏观层面的分工，即社会分工。根据马克思分工理论观点，国民经济通过企业内部分工提升资源循环效率，依托社会部门分工构建要素循环基础。流通过程中的国内循环既包括物流、商流以及资本流等有形要素的循环，也包括信息流、数据流及技术流等无形禀赋的循环。马克思在《资本论》中将生产过程和流通过程划分为社会再生产的两个阶段，然而在现代流通体系中，信息技术与人工智能的发展促使生产和流通过程融为一体，因此现代社会生产过程的循环往往伴随着流通过程的循环。分配过程的国内循环以生产过程的国内循环为基础。按照马克思的观点，分配本质上取决于

---

① 《中共中央关于制定国民经济和社会发展第十四个五年规划和二〇三五年远景目标的建议》，载《人民日报》2020年11月4日第1版。

② 《中共中央关于党的百年奋斗重大成就和历史经验的决议》，载《人民日报》2021年11月17日第1版。

社会供给情况。[1] 分配由生产决定，又以其结构性转变对生产施加反作用，在相互作用中推动分配过程的动态平衡。消费过程的国内循环是需求侧在经济循环体系中的关键发力环节。消费与生产的关系在经济循环体系中是首要的，生产为消费创造动力和能力，消费为生产提供对象与动机。马克思在《资本论》中指出，没有消费，就没有生产[2]。只有消费过程完成，生产的价值才得以实现，国民经济才能实现可持续循环发展。

所谓“国际大循环”，是指一国通过对外开放推动市场规模的不断扩大，进而促进分工的专业化与生产要素的自由流动，在充分开发国际市场的过程中实现物质资本和人力资本的积累及资源的有效配置与利用。马克思主义政治经济学理论认为，社会化生产以分工协作为基础，随着生产力水平的不断提高，必然需要突破一国的界限，逐渐融入国际分工体系，以参与世界市场的方式满足自身市场规模的发展需要。而世界市场的形成，能够丰富人们的选择范围，满足本国人民日益增长的多层次、多样化需求，推进生产性消费和生活性消费逐渐国际化。因此，马克思和恩格斯在《共产党宣言》中提到，依靠本国产品来满足的旧需求，会不断被来自其他国家产品所带来的新需求所替代。[3] 随着全球化的推进，世界各国之间的联系日益紧密，基于自身比较优势的国际分工体系不断发展，国际经贸合作逐渐构成一国经济发展的重要外源动力。在马克思的国际分工理论看来，以资源要素

---

① 参见中共中央马克思恩格斯列宁斯大林著作编译局编《马克思恩格斯文集（第10卷）》，人民出版社2009年版，第586页。

② 参见中共中央马克思恩格斯列宁斯大林著作编译局编《马克思恩格斯文集（第8卷）》，人民出版社2009年版，第15页。

③ 参见中共中央马克思恩格斯列宁斯大林著作编译局编《马克思恩格斯文集（第2卷）》，人民出版社2009年版，第35页。

外循环为导向的国际分工是人类生产力发展到一定阶段的必然产物，国际分工的深化又为社会生产力的发展创造了必要的前提。在经济全球化时代，一国只有坚持扩大对外开放，才能有效地为本国人民谋福祉，实现国民经济的良性循环。

双循环可以理解为一国经济资源与生产要素在国内和国外“两个市场”的充分流动及有效配置，在经济循环中实现结构变迁与经济发展。从新中国成立至今，我国的内循环和外循环建设在不同历史时期均发生了显著的结构性转变。笔者基于我国不同发展阶段内外循环的结构特点，简要论述两种循环的继起及并存，分析重塑中国双循环发展框架的战略背景与意义，进而从中观经济布局视角出发，立足于网络结构理论，探讨构建双循环新发展格局的中观逻辑与要领，以加深对双循环新发展格局建设的理解。

二、新中国成立以来内外循环结构的演进脉络①

（一）内循环主导期（1949—1977 年）：内循环单一发展，外循环作用式微

新中国成立之初，面对当时一穷二白的落后经济基础，我国首先采取了以修复经济内循环为主线的休整方式，进行了为期三年的国民经济恢复过程（洪银兴，2021）。此后，我国于 1953 年开始实施第一个五年发展计划，正式开启了对新中国经济发展格局的全新探索。由于当时世界主要经济体对新中国的敌对态度及

① 该部分内容涉及的数据是根据国家统计局官方网站数据整理而得。

经济封锁，我国除了与亚非拉部分发展中国家有一些援助性的往来及“一五”计划期间基于当时自身发展的迫切需要引进了苏联的156个重大项目以外，整体经济运行基本上处于内循环状态，几乎不存在真正意义上的国际经贸关系，没有真正参与国际经济循环体系之中。对于这一时期的经济内部建设，我国主要明确了以重工业发展为先导进行经济循环布局的发展战略。据统计，新中国成立之初，在全国工农业总产值中，农业和手工业占比高达83%，而现代工业产值只占大约17%，并且现代工业中几乎不存在标准重工业。基于现实经济发展需要和国际竞争战略考量，我国选择了通过计划经济的方式推进剩余农业的工业化转移，以此在较短时间内建立较全面的现代工业体系。第一个五年计划胜利结束时，我国的石油、煤矿、钢铁等关键工业产品已经达到了苏联、日本在20世纪30年代的水平。这毋庸置疑是中国人民站起来的重要表现。然而，在计划经济框架下以资源强制集中化方式进行工业化建设的过程也付出了较大的经济代价，在很大程度上牺牲了农业、服务业及消费品工业的发展，同时还严重抑制了居民收入与消费。这种以从上到下的指令性生产计划所构筑的统购统销的经济流通体制，往往造成了经济结构的失衡和资源配置的扭曲，无法真正实现国民经济长期健康的良性循环。

（二）外循环形成期（1978—2001年）：内循环地位有所下降，外循环作用持续增强

1978年以后，随着市场经济的渐进式引入，我国逐渐破除计划经济思维，开始以市场化导向进行经济循环体系的建设。在这一阶段，我国以沿海区域为开放重点，逐步探索外循环经济框架的建设思路。20世纪八九十年代，我国相继设立了多个经济特区和十几个沿海开放城市，此后又着力推进沿海经济开放区、沿江和内陆开放城市及沿边开放城市的建设，通过层层推进的方式打造由南到北、由东到西的对外开放格局，以点线面结合的形式构筑我国外循环体系的初步架构。改革开放初期的一系列探索，使得外循环参与主体得以开放性成长，外循环赋能力量得到开放式增强，外循环市场组织得到开放型培育，外循环发展机制得以发挥更大的作用。随着外循环经济在开放过程中得到充分培育和成长，这一时期的内循环地位有所下降，外循环作用持续增强。具体来看，1978 年，我国货物进出口总额只有 206 亿美元，在世界排名第 29 位。1988 年，我国货物进出口总额历史性地突破 1000 亿美元大关，此后这一指标继续保持快速增长，分别于 1994 年和 1997 年先后突破 2000 亿美元与 3000 亿美元。与改革开放前几乎不存在国际经贸关系的经济循环格局相比，这是我国外循环体系建设的极大突破。在外循环建设逐年加快的背景下，我国经济总量连上新台阶。1978 年，中国经济总量只有 3645 亿元，用了 8 年时间于 1986 年突破了 1 万亿元，而后又用了 5 年时间于 1991 年突破了 2 万亿元。此后至 2001 年的 10 年时间里，中国经济总量平均每年上升约1 万亿元。

（三）外循环发展期（2002—2008 年）：内循环地位明显下降，外循环作用继续凸显

2001 年我国加入 WTO 之后，以纵深推进外循环为目标的体制机制改革加速进行，市场在资源配置方面发挥着日益重要的作用。2002—2008 年，我国外循环经济建设进入高速发展的新阶段。具体来看，1978—2001 年，我国出口额占经济总量比重的平均值为 13. 38%，进口额占经济总量比重的平均值为 13. 05%。

同一时期我国最终消费支出对 GDP 增长贡献率的平均值为 63.07%。而 2002—2008 年，我国出口额占经济总量比重的平均值上升至 30.57%，进口额占经济总量比重的平均值上升至 26.25%。与此同时，这一时期我国最终消费支出对 GDP 增长贡献率的平均值下降至 47.02%。国内交易和国际交易之比的平均值由上一阶段的 4.53 下降至 1.70。因此在这一时期中，内循环地位明显下降，外循环作用继续凸显。随着外循环建设的纵深发展，我国各项经济地位衡量指标逐年攀升。外循环发展的稳步推进促使中国成为吸收外商直接投资最多的发展中国家。2006 年，中国外汇储备总体规模首次超过日本，跃居全球第一。2008 年，中国在经济总量方面赶超德国，进入世界前三的行列。

（四）外循环调整期（2009—2019 年）：内循环地位不断提升，外循环作用逐渐收缩

2008 年以后，受全球金融危机的影响，我国的双循环关系发生了结构性转变。国际金融危机的爆发导致逆差国家进口受限、贸易成本逐渐抬升，国际循环的收紧促使我国内循环的地位由降到升，而外循环的作用开始弱化。具体来看，2009—2019 年，中国在全球价值链中占据重要地位的加工贸易，其比重由改革开放后的前 30 年超过 50% 的水平降至差不多 30% 的水平。外贸依存度也呈现出十分明显的下行趋势，由 2008 年接近 60% 的水平大幅降至 2019 年 35% 左右的水平。此外，我国出口额和进口额占经济总量比重的平均值也有所下降，分别从前一阶段 30.57% 与 26.25% 的水平下降至 21.56% 与 18.23% 的水平。这一时期我国最终消费支出对 GDP 增长贡献率的平均值由上一阶段的 47.02% 上升至 58.72%。国内交易和国际交易之比的平均值有所提高，由前一阶段的1.70逐渐回升至2.52。这一时期虽然发生了内循环与外循环结构的明显切换，但依然不影响我国外循环经济体系的进一步发展，中国各项经济地位衡量指标在这一阶段继续显著提升。2009年，中国出口总额超越德国，成为世界第一大出口国。2010年，中国经济总量赶超日本，成为仅次于美国的全球第二大经济体。2014年，中国经济总量突破10万亿美元大关，成为国际上仅有的两个超过10万亿美元规模级别的大型经济体之一。2019年，中国人均国内生产总值首次突破1万美元大关。

三、构建双循环新发展格局的战略背景与意义

（一）构建双循环新发展格局是积极应对全球大变局的主动选择

从上述对于中国内外循环过往变迁的回顾中可以发现：第一，改革开放以来，构建大口径外循环成为促进中国经济快速增长的关键驱动因素。具体来说，中国过去以外循环发展为导向的经济全球化战略，之所以能够取得巨大成功，主要原因之一是中国在要素禀赋方面的比较优势。改革开放初期，中国劳动力占世界劳动力总量的比重超过20%，研发投入占全球的比重却不足1%（江小涓、孟丽君，2021）。依靠庞大的人口基数所形成的巨大人口红利，中国成功嵌入全球生产网络并形成重要竞争优势。第二，受益于全球化进程，以市场经济体系为基础的内循环模式不断发展，为当下重塑双循环发展框架构筑起基本完备的基础。具体来说，自身经济发展阶段的变化及外部环境不确定性的增加，促使中国逐渐意识到国内市场开发不足、过度依赖国外市

场的双循环结构是不可持续的。随着中国经济总量的扩大及全球分工格局的转变，国内要素禀赋结构持续改变，自身比较优势亦已变化。现阶段，中国研发投入占全球的比重已高达20%，超过了劳动力占全球的比重。过去所积累的技术、资本及国民财富，已成为比劳动力资源更为重要的生产要素。

只有基于自身比较优势的转变，适时合理地调整内外循环发展结构，才能更好地融入国际分工网络。从这点来看，构建双循环发展格局是中国顺应自身经济发展新阶段的必然需求。而重大公共突发事件的爆发和全球政治经济格局变化的冲击，实际上加速了国家对于内外循环发展结构的调整。因此，在新冠疫情和中美贸易争端双重问题叠加之下，中国构建双循环新发展格局既是发展过程中水到渠成的必然之举，也是中央审时度势做出的主动选择。

2020年新冠疫情的暴发对全球经济格局造成了巨大冲击，致使国际市场需求严重萎缩，世界经济遭遇罕见震荡。由于新型冠状病毒的特殊性，疫情对世界经济的影响将是持久且深远的。此外，疫情加剧了大国间相互博弈及地域性政治经济摩擦，国际经济循环体系由此呈现出一些前所未有的结构性转变，全球产业链与供应链逐渐表现出明显的分散化、区域化特征。特别是美国继续陷入冷战思维，为遏制中国在关键技术领域的赶超，采取了敌对性的科学技术封锁与断供，导致中美之间的竞争愈演愈烈，全球经济发展形势进一步恶化。这两大超过10万亿美元规模级别经济体之间的较量，必将对新时期的全球经济走向形成深远影响。从2018年至今的中美经贸摩擦演进脉络来看，技术封锁与断供对中国供应链的安全问题造成了威胁，反映了现阶段我国核心技术“卡脖子”的状况依旧存在。具体来看，由于疫情期间经济活动骤减，2020 年中国货物进口规模同比下降 0.66%，然而集成电路进口规模却逆势增长 14.56%。未来美国对华科技管制的趋势仍有可能进一步强化，因此，在涉及核心技术的把控方面必须引起人们的高度重视，这关乎未来中国产业链、供应链的安全。我国是国际上工业体系最完备的国家之一，国际循环不畅与产业链断供风险必然严重影响国内经济发展大局的稳定。

基于此，在世界百年未有之大变局下，我国与时俱进地推进内循环和外循环的结构调整，强调进一步开发国内超大市场，依靠国内力量强化自主研发实力以弥补科技创新方面的固有短板，坚持完善经济体制和发展政策以充分激发内循环经济发展潜力，同时着力推进更高水平的外循环经济建设以有效促进双循环的畅通与互补。通过构建以国内大循环为主体、国内国际双循环相互促进的经济发展新格局，因时制宜地重塑我国双循环发展框架及产业链发展优势，形成有效应对新时期内外矛盾交织局面的经济发展新模式。

（二）以国内大循环为主体是有效增加本国人民福祉的必然要求

自 2008 年全球金融危机爆发以后，中国的社会消费品零售总额增长开始出现增速偏离的现象，同比增速从 2008 年 21.8% 大幅降至 2019 年的 8.0%。2020 年受新冠疫情冲击，该指标更是出现负增长的情况，同比下降至 -3.9%。总体来看，在过去推进供给侧改革的过程中，国内市场整体需求水平偏低是中国经济发展面临的主要问题之一。据统计，2016 年在 OECD[①] 国家

① 经济合作与发展组织（Organization for Economic Cooperation and Development）。

中，居民储蓄率最高的国家瑞士的数值为18.8%。相比之下，2016年中国居民储蓄率高达36.1%。2020年，我国居民消费率只有38%左右的水平，显著低于世界主要经济体的平均水平。

14亿人口规模兼之1万美元以上人均国内生产总值，造就了新时期中国的经济规模效应与财富集聚优势。当前中国拥有1.3亿户市场主体和4亿多中等收入群体，是亟待开发的巨大潜力市场（刘鹤，2020）。2019年中国个税起征点的提高及2020年国内近1亿农村贫困人口全部脱贫，为有效增强我国内需创造了十分有利的基础性条件。基于此，在世界百年未有之大变局下，我国不仅要继续推进供给侧改革，还要重视进行需求侧管理。进入经济社会发展新阶段需要更多依靠国内经济循环来支撑新时期我国经济的平稳增长。通过充分发挥我国市场潜力广阔、产业门类齐全的优势，加快构建全国统一大市场，以国内超大规模市场的高效建设，满足我国人民在新发展时期对于消费升级换代的迫切需要。

需要特别注意的是，强调以内循环为主并非只是单纯地扩大国内消费市场，构建双循环新发展格局的战略要领既包含需求侧的元素，也包括供给侧的因素（黄群慧、陈创练，2021）。加快构建新时期中国完整的内需体系，主要是为了降低外部不利影响带来的冲击，稳住企业和就业基本盘，为本国企业技术创新营造适宜的经济环境，改变以往核心技术和关键资源“两头在外”的国际循环分工模式，谨防美国对中国企业的技术断供所导致的产业链与供应链断裂局面。因此，推进以国内大循环为主体的新发展模式，必须重视供给侧发力，依靠技术创新弥补经济发展短板，以高质量供给创造可持续需求，推动新时代中国经济的良性循环。

此外，应当认识到以内循环为主体并非自我封闭的自循环，而是经济循环的侧重点更多地转向国内循环（高培勇，2021）。内循环与外循环本质上是相互叠加、优势互补的关系。外循环需要内循环的支撑，而内循环依靠外循环来带动。只有内循环实现充分发展，才能产生更多高质量、高水平供给，更好满足世界市场需求，推动外循环稳步运行；而外循环的高效发展有助于拓宽市场规模，促进专业化分工和生产效率提升，降低经济体内部循环的交易成本，推动内循环的进一步深化。因此，只有以更高水平的开放推动我国外循环体系的进一步畅通，才能继续扩大国内外市场规模，促进要素流动高效化和产业分工专业化，打通我国内循环体系主要环节，提升国内大循环的效率和水平，形成内外循环相互促进、契合发展的全新发展框架。

四、构建双循环新发展格局的中观逻辑与要领

（一）双循环新发展格局与区域网络部署的内在关联

构建双循环新发展格局本质上是对内循环和外循环两种生产关系进行调整与变革。在世界百年未有之大变局下，我国与时俱进地推进内循环和外循环的结构性转变，强调通过内循环为主、外循环赋能，构建国内循环和国际循环的双轮驱动新格局，为有效激发“十四五”时期中国经济发展的结构性潜能提供了历史性契机。双循环新发展格局的建设势必要求新时期的经济战略部署需要有新的逻辑与方略。而网络理论探索的内部结构平衡性和整体协调性，更符合新时代中国经济发展的新特点、新变化和新要求（李宜达，2019），其蕴含的关联、动态、合作、

互补的思想实际上为双循环新发展格局的建设提供了一种全新的思路。

与传统经济学分析视角不同，经济网络理论明确市场主体和区域联系是多层次、差异化的，强调个体间和区域间的相互作用机制，注重考察新增节点对网络中原有节点在成本和效率上的影响。经济网络理论中诸如“连接”“互惠”“协调”“凝聚力”“传递性”“一致性”等理论概念，实际上与新时代中国特色社会主义经济理论中的平衡性发展理念存在着高度的耦合性。与此同时，经济网络理论中关于市场主体的互动思维和节点循环的理论表达，也更加适合分析内外循环体系建设的动力机制和动态影响。

中国经济发展进入新时代以来，各种区域间合作概念和城市间的合作规划层出不穷，跨区域商贸发展逐渐深化并呈现出多层次特点，要素配置和区域治理也越来越倾向于依托不同地区的平台优势与中介效应来实现结构调整。这些因素均为我国各区域和各城市的经济发展带来更加紧密的直接与间接联系，也促使新时期的中国经济逐渐呈现出多层次的网络化特征。而在中观经济部署中，区域经济建设正经历着复杂一体化的深化发展阶段，构建区域经济网络应成为未来战略谋划重点。关于区域经济网络的建设，大致可分为三个层面，分别是区域商贸网络、区域城市网络及区域治理网络。

区域商贸网络建设主要以“流动空间”为基础实现商贸空间集聚与扩散的动态调整（于海峰、王方方，2018）。在现代市场经济体系中，区域间的商贸流通往往存在着网络化机制，主要表现为区域商贸网络扩张过程中所产生的空间范围效应，即随着商贸流通体系的逐渐完善，纳入区域商贸网络中的节点将不断增加，由此会给区域间的商贸流通带来规模经济和范围经济（Neal，2013）。区域城市网络建设主要从城市关系连接和整体空间特征着眼推动区际专业化分工与经济平衡性分布（李敬等，2014）。国际经验表明，许多城市网络都具有很强的传递性倾向，经济发展水平较高的城市往往能够与其他城市产生更强的经济联系（Taylor et al.，2013），而相邻共享的城市节点更有可能实现协调分工和平衡发展（Liu et al.，2014）。区域治理网络建设主要基于府际关系互动的网络化趋势进行经济战略布局（李东泉等，2015）。与一般社会网络不同，区域政府作为经济治理主体，并不具体参与区域网络中的竞争、交易、协商等，而是在区域经济发展中发挥一种中介作用，即为区域商贸和城市建设提供从搭台、撑台、护台到后台的服务性支持，以构建治理平台的方式谋划区域发展的公共事务或共同事务，进而形成网络化治理模式（Sun & Cao，2018）。

现有研究表明，网络结构关系具有促进经济循环体系自动调节与完善的作用（Pain et al.，2016；刘修岩等，2017）。就这一个角度而言，从区域网络布局视角来理解和把握新时期我国内外循环体系的结构特征与演化趋势，对于高效推进双循环新发展格局建设具有重大意义，有助于优化内外循环体系的资源配置，进一步提高我国经济运行的整体效率。基于此，从区域经济建设视角来看，加快构建双循环新发展格局的关键是要不断强化区域市场主体间的网络化连接，以促进我国内外循环体系中网络连接存量的有效提升，通过打造平衡协调、稳定高效的多层次循环网络结构来推动需求牵引供给、供给创造需求，从而形成高水平的国民经济循环体系，具体思路见图 1。

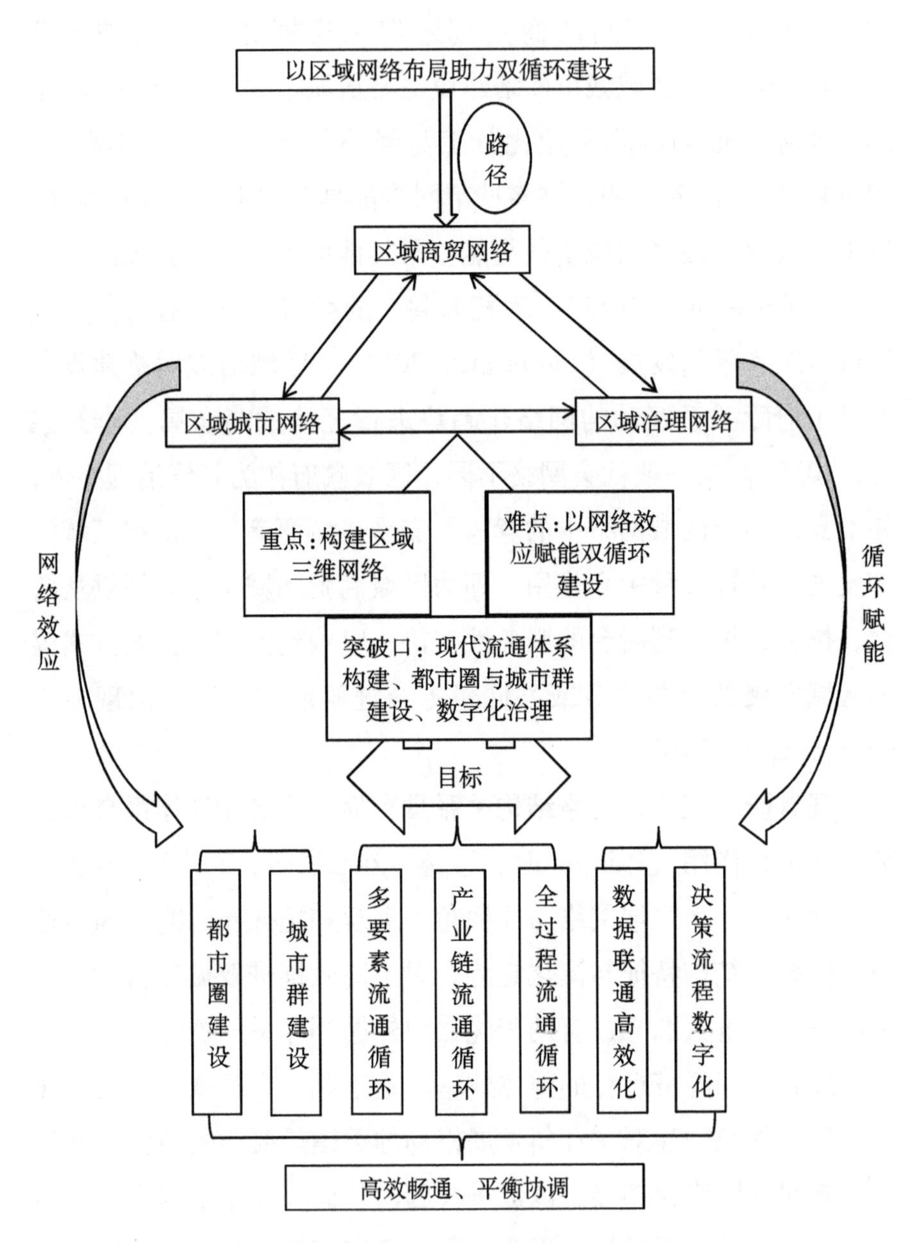

图1　以区域网络布局助力双循环建设的逻辑思路

（图片来源：笔者自制。）

（二）以区域网络布局助力双循环新发展格局建设

区域经济网络部署的目标设定，与构建双循环新发展格局的战略定位存在着高度的契合性（李宜达，2021）。内外循环体系的重塑，完全可以从区域经济网络的构建过程中借力。在双循环新发展格局下，可从区域经济网络建设的三个层次着眼，构建区域商贸网络、区域城市网络以及区域治理网络，以三维网络布局助力双循环建设。

1. 以区域商贸网络的构建，赋能双循环总体建设

推进以内循环为主、双循环畅通的经济发展新格局建设，需要高水平的商贸流通体系作为基础性支撑。只有打通市场流通体系堵点，形成网络化商贸流通模式，才能实现整个国民经济的良性循环及总体运行效能的有效提升。构建高效的现代区域商贸网络，关键在于科学把握现代商贸流通规律。商贸始于需求，而后以商流的形式出现，并与流通过程相伴。因此，当前中央定调需求侧管理，就是为了从需求端布局，进一步畅通国内的商贸流通体系。此外，新时期需求的内在发展也引起了供给的结构变化，要求生产、分配、流通、消费各个环节形成更高水平的动态平衡。从这个意义上讲，商贸流通既在需求侧也在供给侧。构建高效的现代区域商贸网络，既要紧紧抓住需求侧管理这一基点，着力打通流通领域堵点，同时也应牢牢抓住供给侧改革这条主线，逐步补齐流通领域短板。需求牵引供给、供给创造需求，是区域商贸网络赋能经济良性循环的核心要义。

在推进双循环新发展格局建设的过程中，打造现代区域商贸网络有三大关键点：一是现代区域商贸网络是多要素的流通循环。在5G时代，区域商贸网络不仅是物流、商流及资本流等有

形要素的载体，也是信息流、数据流及技术流等无形禀赋的载体。多流交互、多流并进，构成了现代区域商贸网络的主要特点。二是现代区域商贸网络是产业链的流通循环。当前国际产业体系呈现出明显的区域化特点，如亚洲、美洲及欧洲—北非，并且这一趋势将会持续增强（樊纲，2020）。这也就意味着区域内部会形成相对完整的生产线与供应链，构成一个内部分工的产业区域。因此，在新时期，相关部门应紧抓产业链区域化这一重要趋势，以全产业链大流通视角布局内循环和外循环建设。三是现代区域商贸网络是全过程的流通循环。在大数据时代，现代商贸流通已涵盖了生产流通的全过程，海量数据和智能技术促使制造过程与流通过程逐渐融为一体。制造业联系是以产业链和供应链为支架的商贸网络进行链接的，而这种链接既不是产权归属关系，也没有行政归属关系，本质上属于虚拟化链接（陈文玲，2021）。这种虚拟化链接依靠现代区域商贸网络进行串联与并联，在经济循环中形成动态平衡。打造高效的现代区域商贸网络有利于这种商贸链接的延伸和深化，赋能双循环新发展格局建设。

2. 以区域城市网络的构建，促进双循环高效畅通

在推进双循环新发展格局建设的过程中，以区域经济协调平衡发展为核心的都市圈建设和城市群建设将是大势所趋。都市圈与城市群既是国内大循环的中心节点，同时也构成国内循环和国际循环的战略连接。从当前新一轮区域经济一体化发展进程来看，未来发展潜力较为明显的都市圈与城市群建设主要分布在五大模块，分别为京津冀、粤港澳、长三角、中三角及西三角。具体来看，京津冀作为全国资源分布中心，在国内大循环中发挥着能量外溢作用；粤港澳依托大湾区建设，集科创、金融、人才等诸多优势，是畅通双循环的关键突破口；长三角一体化程度最高，同时其国企与民企的分布也最为均衡；中三角以武汉、合肥、郑州为核心节点城市，占据五大模块地理中心，是经济循环枢纽；西三角主要以西安、重庆、成都为中心，在人力资源方面具有明显的成本优势。

随着双循环新发展格局建设的推进，都市圈与城市群的内部治理模式将从传统的“中心—边缘”结构逐渐演化为网络化结构。城市经济从分散式建设逐步走向收敛式发展的逻辑本源，是沿着“都市区—都市圈—城市群”这一脉络进行演变，进而实现区域发展一体化的过程。作为基础性空间组织载体，都市圈内部存在着紧密的网络联系。而城市群内部网络外溢效应的发挥，关键在于区域内各都市圈之间的空间耦合所构成的广阔经济辐射地域。因此，城市群的有效建设需要以相辅相成、契合发展的都市圈大分工格局为基础。从这个角度来看，都市圈建设和城市群建设存在着较为明显的差异。都市圈建设侧重于城际轨道交通发展及资源统筹布局，应着重推进基础设施互联互通，打破资源要素流动障碍，实现圈内市场的有效连接。城市群建设则应更多地考虑城市分工问题，通过明确不同城市功能定位，促进各自比较优势的发挥，打造出相互联通、辐射带动的错位竞争共赢格局。我们应当认识到，在双循环新发展格局中，能够有效支撑国内大循环的不是孤立的城市单元，而是都市圈、城市群等区域一体化概念的大范围城市空间，并且集所有功能于一身的全能城市或超能城市是不存在的，只有推进区域内城市之间的合理分工与高效协作，形成节点互联、功能集成的区域城市网络，才能承载更多的经济循环环节，发挥出区域在双循环新发展格局中的全方位支撑作用。

3. 以区域治理网络的构建，筑牢双循环发展框架

内循环新体系的高效建设离不开新时期地方政府治理的有效协调。在过去大力推进供给侧结构性改革的背景下，地方政府治理结构有了明显的改善和优化，但其治理效率仍有很大的提升空间，主要表现在以下四个方面：一是地方政府治理的示范效应不足，无法有效撬动本地企业投资；二是以城镇化为导向的区域治理缺乏精准度，难以充分发挥政府治理的社会价值；三是不少地方对自身的发展定位较为模糊，其治理不足以形成优化当地人口和产业空间布局的动力；四是关于促进地方环境可持续的生态治理还需要进一步增强。地方政府治理的效率问题，归根到底源于区域治理缺乏有效的协商合作机制，无法形成网络化的区域治理结构。我们应当认识到，双循环新发展格局的建设必然对生产要素与经济资源的自由流动提出了更高的要求，然而当前地区市场零碎分割的现象导致资源要素跨区域流动面临梗阻，严重影响了地方政府治理的有效性，不利于新时期我国内循环新体系的高质量建设。

自党的十九届四中全会首次明确数据是经济活动中的关键生产要素以后，以数字技术构筑网络化地方治理模式逐渐成为一种重要趋势。党的十九届五中全会明确提出要加快建设数字政府，因此，数字政府的建设将作为“十四五”时期我国提升政府治理效能的重要抓手。未来构建区域治理网络的重点是要大力推动地方数据互联互通，以信息公开、数字开放的方式增强区域政策的协调性和地方治理的精准度。实际上从2020年中国成功的抗疫实践来看，数字政府在疫情防控方面已经发挥了至关重要的作用。而在新时期，数字政府的建设也将成为畅通国内大循环的关键突破口。只有打通各地政府部门信息系统，加快各地政务数据

相互联通，才能充分整合利用基层各类大数据治理终端，实现数据要素跨地区部门有效流动。基于此，未来在谋划内循环新体系建设的过程中，应以网络化、平台化思维推进地方资源整合及决策流程优化，不断畅通地方合作协商机制，逐渐打破各种体制机制壁垒，降低地区间的沟通成本和协商成本，促进地方之间协调联动机制的有效形成，从而逐步构建起区域治理网络，筑牢双循环发展框架。

五、结语

马克思主义政治经济学考察经济社会运行规律的逻辑本源，始于生产力与生产关系的互动框架。国内循环和国际循环本质上是两种不同的生产关系，其当下的调整与变革，可立足于新时代中国经济的多层次网络化特征。

从中观层面来看，双循环新发展格局的建设为谋划新发展阶段下区域经济发展新蓝图提供了历史性契机。未来重塑双循环发展框架，可从经济网络建设着眼，在三个维度进行区域网络战略布局：一是着力打通市场流通体系堵点，构建区域商贸网络，赋能双循环总体建设；二是明确都市圈和城市群建设差异，构建区域城市网络，促进双循环高效畅通；三是加快推进区域政府数字化治理，构建区域治理网络，筑牢双循环发展框架。要充分发挥区域商贸网络、区域城市网络以及区域治理网络的循环赋能效应，在区域资源配置和区域治理层面实现政府与市场的有效互动与契合发展，以三维网络布局构筑起双循环新发展格局的重要支撑。

参考文献

[1] 陈文玲. 打通双循环的关键堵点 [N]. 北京日报，2021-01-04（11）.

[2] 樊纲. 双循环与中国经济发展新阶段 [J]. 开放导报，2020（6）：7-10.

[3] 高培勇. 构建新发展格局：在统筹发展和安全中前行 [J]. 经济研究，2021，56（3）：4-13.

[4] 洪银兴. 中国共产党领导建设新中国的经济发展思想演进 [J]. 管理世界，2021，37（4）：1-12.

[5] 黄群慧，陈创练. 新发展格局下需求侧管理与供给侧结构性改革的动态协同 [J]. 改革，2021（3）：1-13.

[6] 江小涓，孟丽君. 内循环为主、外循环赋能与更高水平双循环：国际经验与中国实践 [J]. 管理世界，2021，37（1）：1-19.

[7] 李东泉，刘东颖，沈洁莹. 府际关系中的社会网络分析 [N]. 中国社会科学报，2015-07-10（4）.

[8] 李敬，陈澍，万广华，等. 中国区域经济增长的空间关联及其解释：基于网络分析方法 [J]. 经济研究，2014，49（11）：4-16.

[9] 李宜达. 双循环新发展格局下区域、政府与市场的协调整合 [J]. 中国西部，2021（6）：43-48.

[10] 李宜达. 以三大平台推动新时代开放经济向纵深发展 [J]. 社会科学动态，2019（7）：28-32.

[11] 刘鹤. 加快构建以国内大循环为主体、国内国际双循环相互促进的新发展格局 [N]. 人民日报，2020-11-25（6）.

[12] 刘修岩，李松林，秦蒙. 城市空间结构与地区经济效率：兼论中国城镇化发展道路的模式选择 [J]. 管理世界，2017（1）：51-64.

[13] 于海峰，王方方．构建新时代开放型经济网络体系 [J]．财贸经济，2019，40 (8)：5 - 17.

[14] 于海峰，王方方．建设新时代中国特色社会主义开放经济理论体系 [J]．东岳论丛，2018，39 (5)：38 - 47.

[15] Liu X, Derudder B, Taylor P. Mapping the evolution of hierarchical and regional tendencies in the world city network, 2000 - 2010 [J]. Computers, environment and urban systems, 2014, 43: 51 - 66.

[16] Neal Z. Brute force and sorting processes: two perspectives on world city network formation [J]. Urban studies, 2013, 50 (6): 1277 - 1291.

[17] Pain K, Hamme G V, Vinciguerra S, et al. Global networks, cities and economic performance: observations from an analysis of cities in Europe and the USA [J]. Urban studies, 2016, 53 (6): 1137 - 1161.

[18] Sun Y, Cao C. The evolving relations between government agencies of innovation policymaking in emerging economies: a policy network approach and its application to the Chinese case [J]. Research policy, 2018, 47 (3): 592 - 605.

[19] Taylor P J, Derudder B, Hoyler M, et al. New regional geographies of the world as practised by leading advanced producer service firms in 2010 [J]. Transactions of the institute of british geographers, 2013, 38 (3): 497 - 511.

双循环新发展格局下
两岸经济融合发展机制研究
——以经济网络为理论视域[①]

李宜达　王方方

摘　要　两岸经贸关系日益紧密，两岸经济融合发展不断推进。经济网络理论认为市场主体和区域联系是多层次、差异化的，强调个体间和区域间的相互作用机制，这与两岸经济融合发展过程中表现出的网络化结构特征存在着高度的契合性。当前两岸紧密的经济联系为多维度构筑两岸经济网络提供了现实基础。因此，应以大陆构建双循环新发展格局为契机，推动大陆的地方政府和台湾地区市县政府构建政府网络，为两岸合作搭建桥梁、提供制度保障；引导两岸实体商贸平台和虚拟商贸平台构建商贸网络，促进两岸要素流动便捷化、高效化；依托“一带一路”倡议、自由贸易区（港）、粤港澳大湾区建设构建区域网络，深化两岸合作机制、加强双方经济联动。通过“三位一体”的两岸经济网络布局，助推两岸经济融合发展跃上新台阶。

关键词　两岸；融合发展；经济网络；双循环新发展格局

---

① 原载于《闽台关系研究》2022年第3期。

一、问题提出与研究回顾

当前，世界经济运行整体呈现出逐渐放缓甚至深度衰退的趋势。一方面，在新冠疫情冲击下，全球经济增速大幅下滑；另一方面，在俄乌冲突扰动下，全球经济不稳定性显著增加。与此同时，中美博弈加剧、政治经济摩擦不断，加之台湾岛内政局混乱，致使新形势下两岸经贸关系发展的目标设定遭遇重大冲击与挑战。这意味着新形势下推动两岸经贸良性互动需要全新的思路与路径。

关于推动两岸经贸关系发展的理论探讨，一直是两岸问题研究的重点，其核心要义是探究促进两岸经济合作的长效机制，以实现两岸经济一体化的战略构想。立足于两岸经济合作机制问题，学界围绕一系列区域合作主题展开考察，代表性研究成果主要包括："华南经济圈"概念的提出（张广芳，1992；徐惠蓉，1993）、两岸共同市场的实现机制（邓利娟，2001；李非，2005）、两岸自由贸易区的试验构想（林媛媛，2003；唐永红，2006）、《海峡两岸经济合作框架协议》（ECFA）实施过程中两岸合作机制（盛九元，2010；曾华群，2011），以及两岸区际对接与经贸整合（陈先才，2009；王勇，2014）等。随着两岸经济融合发展目标的提出，这一议题逐渐成为新时期学界聚焦的研究领域，研究内容主要包括：阐释两岸经济融合发展的科学内涵（张冠华，2015；苏美祥，2020）、分析两岸经济融合发展的动力机制（王媛媛，2016；吴宜，2018），以及探讨两岸经济融合发展的路径设计（肖日葵，2019；石正方，2020）。

整体来看，已有研究注重从宏观视角对两岸经济互动及合作机制进行审视，且考察范围日益扩展，逐渐呈现出理论化、系统化的趋势，两岸经济融合发展的科学内涵也由此不断深化。但是，现有研究多专注于两岸经济合作机制的探讨，尚未综合研究两岸经济融合发展过程中存在的较为复杂的网络化结构特征。实际上，从经济网络视角来看，两岸经济联系可视为各部分、各环节、各领域、各层面相互作用的开放式网络系统。因此，笔者在把握新时期两岸经贸关系的基础上，以经济网络为理论视域，分析两岸融合发展与经济网络布局之间的内在联系，并以大陆双循环新发展格局为背景，多维度构建两岸经济网络，从而为进一步促进两岸经济融合发展提供新的实现路径。

二、 两岸融合发展与经济网络布局的内在关联

（一）区域经济一体化研究与经济网络理论的相互耦合

从理论归属来看，关于区域经济融合发展的研究属于区域经济一体化研究的范畴。[①] 而区域经济一体化研究，同国际贸易理论的演进存在密切联系。国际贸易理论大致经历了以绝对优势贸易模型和比较优势贸易模型为代表的古典贸易理论、以资源配置贸易模型和特殊要素贸易模型为代表的新古典贸易理论、以规模经济贸易模型和产品周期贸易模型为代表的当代贸易理论等三个

① 广义的区域经济一体化指的是两个或两个以上的经济体通过政策协商和经济合作，破除商品、要素、金融等领域的人为分割与限制，逐步实现区域经济高效分工和联动发展。区域经济融合发展是区域经济一体化的典型，指的是两个或两个以上的经济体通过协商并缔结经济条约或协议，实施统一的经济政策与措施，以协调分工为基础来提高整个经济系统的运行效率，最终把不同地区的经济融合起来形成一个区域性经济联合体。

阶段。随着新时期区域经济发展呈现出多层次的网络化特征，传统的国际贸易理论已不能完全满足现阶段区域经济一体化研究的需要，学界开始从经济网络视野研究区域经济融合发展的机制构建，以作为其新的理论支撑。

经济网络理论主要关注经济主体间的相互作用，考察由节点联系产生的经济活动在空间上的分布结构与溢出效应（Liebowitz & Margolis，1994）。区际联系往往是多层次、差异化的，人口、资本、技术及信息等要素的区际流动能够增强不同地区之间的经济联系，促进区际网络化连接并形成网络外溢效应，进而推动区域经济融合（Castells，2000）。区域经济发展一体化问题，本质上与区域经济发展的网络化特点密切相关，主要可从政府网络、商贸网络、区域网络三个维度进行思考。

1. 政府网络

政府网络指的是大陆的地方政府与台湾地区各县市政府所形成的网络化联系。随着经济全球化不断发展，世界经贸合作关系的网络化特征愈发明显。从本质上而言，由国际贸易与区际对接所催生的经贸网络是一个由权力机构所组成的“道德规制团体”，既能够在遵守经贸规则的网络成员之间建立起信任机制，促进商贸合作发展，又能够通过相应的惩罚机制，对契约网络中具有违约倾向的成员形成一定的约束（Acemoglu et al.，2015）。这一网络化机制需要以政府为主导，从政策制度、法律规制、资源保障等方面为公共部门、私营部门、第三方部门的合作网络搭台、撑台、护台（Sun & Cao，2018）。不同政府在区域经济合作中发挥掌舵媒介作用的机制，可定义为区域政府网络化机制（王方方，2017）。政府网络是引致空间功能分工演化的关键要素，能够抑制区域经济的发散式增长，驱动区域内部分工的平衡

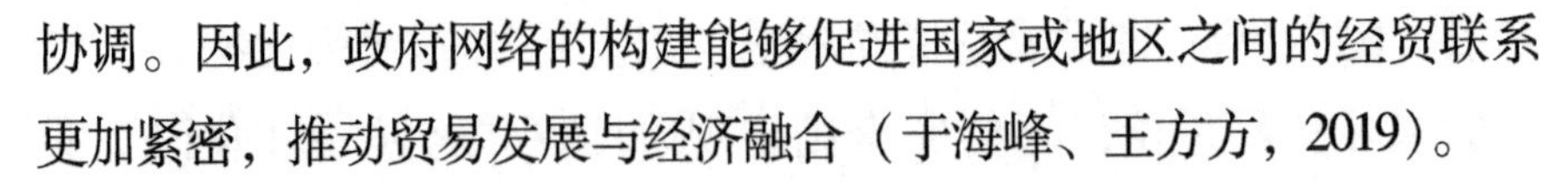

协调。因此，政府网络的构建能够促进国家或地区之间的经贸联系更加紧密，推动贸易发展与经济融合（于海峰、王方方，2019）。

2. 商贸网络

基于经济网络的区域经济一体化，主要依托市场机制逐步实现（Farrell & Klemperer，2007）。只有当市场充分发挥其在资源要素配置领域的独特优势时，某一地区才能成功纳入已有的经济网络结构，或是重新构筑区域网络节点，促使区域借助网络规模的不断扩张实现一体化发展（Garlaschelli & Loffredo，2005）。商贸网络在不同所有权结构下，对市场结构和定价机制往往会产生不同的影响，而这源于区域分工体系中生产、流通、消费等环节的网络外溢效应（Economides，1996）。以商贸平台为节点的经济网络结构，是维系区际经济合作轮轴转动的重要润滑剂，能够大幅度减少信息不完全、不充分而导致的贸易摩擦，弱化信息壁垒对区域经济合作产生的各种不利影响（Antras & Costinot，2011）。商贸平台是市场机制发挥作用的重要组织，相关部门应通过增加平台数量、完善运营模式及扩展区位边际，在区域经济合作中构筑起平台网络化联系，从而促进区域经济不断融合发展（于海峰、王方方，2018）。

3. 区域网络层面

对于区域网络发展的研究主要集中在两个层面：一是地区层面，主要研究特定地区的经济网络结构；二是全球层面，主要研究全球各国及不同地区的经济网络布局与联系。从地区层面来看，城市间的专业化分工体系孕育出多中心城市结构，各类基础设施的相互联结增强了不同城市之间的协调互动发展，并逐渐演化为网络化的城市经济格局（Batten，1995）。在网络化的城市经济结构中，城市间的协同效应与其产业互补程度紧密相关，产业互补性越明显，协同效应就会相应增强（Meijers，2005）。从全球层面来看，世界不同区域在经济发展趋向网络化的过程中，往往伴随着地区或国家经济发展相对优势的动态变化。区域网络规模的扩张，本质上是纳入区域经济网络中的节点不断增加及空间范围的逐步扩展（Friedmann & Wolff，1982）。区域经济网络化，将存在前向、后向联系的不同产业部门紧密地联系起来，对区域分工格局与经济密度产生了重要影响（王晓娟，2009）。

（二）密切的经济联系是两岸经济网络形成的现实基础

按照经济网络理论，不同市场主体之间的联系越紧密，形成经济网络的概率就越大（Katz & Shapiro，1985）。实践证明，两岸经济是一荣俱荣、一损俱损的命运共同体（范宏云，2018），大陆与台湾地区之间在市场、人才、资源、技术、管理等方面存在高度的经济互补性。台湾地区经济、产业及企业的发展，离不开两岸产业链、供应链的协调分工与有效合作，并不会因台湾当局某些政治图谋或者其他外部扰动因素而与大陆市场“脱钩”。大陆深化改革、扩大开放，为广大台胞、台企参与大陆经济发展提供了重大机遇与长期利好，是两岸经贸合作不断深化的强劲动力源泉。

2003 年至今，大陆一直是台湾地区最大贸易顺差来源地。但近年，关于加强两岸经贸交流合作的政策措施，主要依托大陆单方面持续推进。台湾地区在参与大陆经济外循环发展过程中，以出口大陆市场的方式获取了巨额的贸易顺差；与此同时，台湾地区母公司的国际销售网络逐渐与其在大陆的子公司的强大生产能力相结合，在一定程度上搭建起了台湾地区同大陆经济内循环的联系。据测算，1979—2020 年，两岸贸易总额为 31161. 6 亿美元，台湾地区对大陆贸易顺差为18084.11亿美元。[①] 2021年，台湾地区对大陆的贸易依存度为42.3%，大陆为台湾地区最大出口市场。[②] 毋庸置疑，通过分享大陆发展机遇与红利，台湾地区得以强有力地推动经济社会发展。

在新形势下，台湾地区将更加离不开大陆市场对其发展和稳定起到的重要支撑作用，大陆未来依然是台湾地区经济增长的动力源泉和可靠腹地。具体来看，2020年，在新冠疫情扰动下，全球跨境贸易与投资总体萎缩，但两岸经贸往来规模却逆势增长。据统计，两岸贸易额为2162.31亿美元，同比增长13.46%；台湾地区对大陆出口占其总出口比重创历史新高，为43.9%；台湾地区对大陆投资为59.06亿美元，较上年大幅增长41.5%。[③] 随着两岸持续推进紧密的经贸往来，两岸经济网络将逐渐形成并不断深化，进而为两岸经济融合发展营造稳定空间。

（三）基于经济网络构筑两岸经济融合发展机制

经济网络追求的是一种协调、平衡、合作的网络化经济秩序，强调内部互动与外部开放的有机契合，要求厘清内循环网络、外循环网络，以及内外循环网络之间的动态平衡关系。在两岸之间构建起多层次、多维度的经济网络有助于进一步夯实新形

① 参见曹小衡《深化经济合作，推进海峡两岸融合发展》，见中国台湾网（http://www.taiwan.cn/xwzx/la/202109/t20210914_12378320.htm.），访问日期：2022年5月1日。

② 参见《台湾2021年对大陆贸易依存度42.3%　大陆仍为台湾最大出口市场》，见中国新闻网（http://www.chinanews.com.cn/tw/2022/01-07/9646801.shtml.），访问日期：2022年5月1日。

③ 参见曹小衡《在新发展格局中促进两岸经济融合发展》，见中国新闻网（https://www.chinanews.com.cn/tw/2021/01-28/9399027.shtml.），访问日期：2022年5月1日。

势下两岸经济融合发展的现实基础并促进其发展壮大。推进两岸经济网络的战略性布局，旨在促进两岸在市场开拓、技术创新、产业升级等方面的协商合作，推动两岸在政治安全方面的相互交流、在经贸产业方面的相互协调、在社会文化方面的相互融合，从而实现两种不同经济社会的共处、共生、共赢，最终构筑起促进两岸经济融合发展机制。

从当前世界经济形势来看，以经济网络布局推动两岸经济融合发展也符合新形势下国际产业体系的演变趋势。现阶段，国际产业体系呈现出明显的区域化特点，如亚洲、美洲及欧洲—北非，并且这一趋势在新形势下将会持续增强。这意味着区域内部会形成相对完整的经济网络，并构成内部分工的产业体系（李宜达、王方方，2022）。现阶段，为有效应对国际政治经济变局对产业链、供应链的负面影响，大陆正致力于构建双循环新发展格局。在经济发展新常态下，大陆将紧抓产业链区域化趋势，以区域经济网络视角布局内循环和外循环建设。作为区域经济建设的重要组成部分，两岸经济网络布局在促进两岸经济融合发展、构建双循环新发展格局中将发挥重要作用。

三、以三维网络布局推动两岸经济融合发展

长期以来，台湾地区是大陆经济外循环发展的直接参与者和重要受益者（周小柯、李保明，2021）。同时，大陆内需市场不断驱动台商、台企参与大陆经济内循环发展，并对其经营行为和发展战略产生日趋重要的影响。构建双循环新发展格局将为新形势下深化两岸经济融合发展带来历史性契机。大陆可以借助构建双循环新发展格局，对两岸经济网络的形成与融合进行设计规

划，并依托两岸经济网络联动效应，为新时期两岸经济融合发展构筑强劲的内生动力。具体来说，可从政府网络、商贸网络、区域网络三个维度进行战略布局，基本思路见图1。

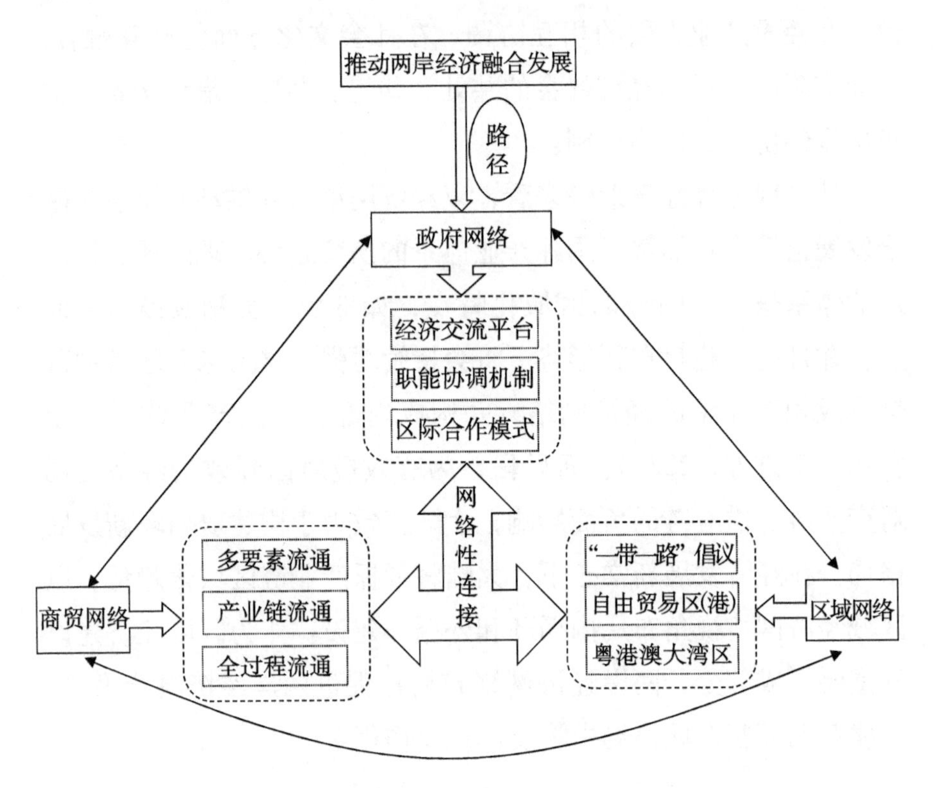

图1　以三维网络布局推动两岸经济融合发展的基本思路

（图片来源：笔者自制。）

（一）发挥政府网络主导作用，筑牢两岸经济融合发展框架

现阶段，促进两岸经贸合作交流的组织力量主要来自三个方面：官方部门、官方授权机构、社会团体。从两岸经济合作前景来看，依托上述三个方面力量催生出的两岸经济合作形式可能包含以下三种情形：一是由大陆的地方政府与台湾地区各市、县政

府共同推动磋商对话、发布合作宣言，形成长效合作机制；二是由大陆的政府授权高校、科研院所等机构和社会团体开展两岸经济合作研讨交流，以大陆方面为主导推动两岸经贸的交流与合作；三是在惠台政策的引导下，由商会等经济领域社会团体推动两岸民间合作（目前主要分布于广东、江苏等省份），能够促进合作方式的自由组合，进一步拓展两岸经济合作的内容。

在双循环新发展格局下，推动两岸经济融合发展需要以全新的思路塑造适宜的制度环境，通过两岸政党、官方部门、官方授权机构、社会团体，以及其他民间利益相关方，为两岸企业打造经济交流的战略性平台，推进大陆企业和台企的贸易协商与洽谈，引导台企真正融入大陆经济循环新体系建设大局。两岸协调与合作结构，本质上是一种聚焦两岸问题关注点、找准两岸利益结合点而实现协同共进的区域政府协作网络。区域政府协作网络可以产生跨区协同发展的联结效应，有利于保障市场运行的效率（王方方等，2020）。以内循环为主体意味着市场在资源配置中的决定性作用愈发凸显，并且要求政府强化沟通协作机制，凝聚合力完善市场体系及市场规划。两岸通过构建区域政府网络，协调官方部门、官方授权机构、社会团体的服务职能，推动其在关键节点进行衔接，逐步建立两岸经贸协商与洽谈的有效模式，进而为大陆企业和台企的跨区域合作搭建桥梁。

从已有经济实践来看，“粤港合作联席会议”制度[①]属于搭

① 为促进粤港深度合作，自1998年起，广东省和香港特别行政区每年轮流在广州和香港召开合作联席会议一次。参会人员包括广东省与香港特区政府高层人员，并且由广东省省长和香港特别行政区行政长官共同主持会议。召开联席会议的主要目的是全面加强粤港的多领域合作，协调两地的经济贸易、基建发展、水陆空运输、海关旅客等事务。

建区域政府协商平台、构建区域政府协作网络的一个成功案例，对于进一步推动两岸经贸交流合作具有一定的借鉴与启示意义。未来可考虑以定期召开两岸经济合作联席会议[①]的形式，或是依托两岸经济合作委员会成立两岸经贸联合协调小组，进一步促进有效对话和职能协调。同时，还应逐步破除区际交流与局部合作所面临的体制机制障碍，构筑起区域经济合作所需的合作服务网络，从而保障两岸经贸交流事宜与合作目标的顺利实现。面对复杂严峻的台海局势，双方可以遵循由局部迈向整体、从低级升至高级的渐进式演化路径，先在可行合作范围内构建推动两岸经济合作的有效机制，就合作规划、具体措施、协定执行、效果评估、改进余地等方面进行深度对话与充分协调，进而尝试多领域推广局部实践的成功经验，持续推动两岸经贸合作向纵深发展，最终构建两岸认同的执行机制与合作网络。

（二）发挥商贸网络平台优势，赋能两岸经济融合发展格局

在双循环新发展格局构建过程中，现代化商贸网络构成了国民经济循环体系的基本骨架。与此同时，现代化商贸网络也有效助推了新时期两岸经济融合发展。构筑畅通高效、平衡协调的内循环，需要充分发挥现代商贸体系的平台网络化效应。打造以两岸经济融合发展为目标的现代化商贸网络，主要有三大关键点：一是在两岸之间构建多要素流通循环体系，推动两岸在物流、商

① 现阶段，台海局势复杂严峻：一方面，美国政府为扰乱中国发展大局，高调大打“台湾牌”，企图搅动台海局势；另一方面，台湾地区民进党当局在战略上保持追随美国的态度，为与美方保持一致而蓄意阻扰两岸交流，已然成为美国对华遏制战略的棋子。考虑到短期内实现台湾地区与大陆的合作较为困难，两岸经济合作联席会议制度需要在中央引领下由大陆的地方政府和台湾地区市县政府共同推动。

流、资本流等有形生产要素与信息流、数据流、技术流等无形生产要素实现交互与并进；二是在两岸之间构建产业链流通循环体系，推动两岸内部形成相对完整的生产线和供应链；三是在两岸之间构建全过程流通循环体系，推动两岸生产过程和流通过程融为一体。

对于现代化商贸网络的建设，一方面应有效发挥大陆一流企业等实体商贸平台在行业内的龙头作用，加快优化两岸流通企业合作机制，不断提升对高水平高标准台资企业的吸引力；另一方面可依托大数据、云计算、人工智能等数字技术，着力构建跨境电子商务合作试验区等虚拟商贸平台，使跨境电商成为促进新时期两岸经贸联系网络化的新兴推动力。就两岸在双循环新发展格局中的分工与合作来说，基于两岸要素禀赋差异日益缩小的现实趋势，以往的产业间和产业内分工模式已无法充分体现两岸比较优势，未来两岸商贸网络建设将是以产品内分工为主的合作。从2020年两岸进出口结构来看，大陆自台湾地区进口品中有近80%为机械及电子设备，其中，电机设备及其零件占比为62.7%，机械用具及其零件占比为8.1%，光学等精密仪器占比为7.4%；而台湾地区自大陆进口品中也有约70%集中于机械及电子设备，其中，电机设备及其零件占比为50.1%，机械用具及其零件占比为17.6%，光学等精密仪器占比为4.0%。[①]

基于两岸各自在产品价值链上所处的地位和所属的环节，可以依托实体商贸平台和虚拟商贸平台，打造两岸高水平产品内分工的新模式，既能发挥台企在产品设计、技术研发、企业管理等

① 参见曹小衡《深化经济合作，推进海峡两岸融合发展》，见台湾网（http://www.taiwan.cn/xwzx/la/202109/t20210914_12378320.htm.），访问日期：2022年5月1日。

方面的优势，又能发挥大陆在生产与销售环节的规模效益，同时也有利于避免两岸企业发展出现对冲式竞争。通过发挥两岸实体商贸平台和虚拟商贸平台的优势，实现两岸要素流动便捷化、高效化，有助于两岸之间构建起多要素流通、产业链流通、全过程流通的现代化商贸网络，进而在双循环新发展格局下推动形成两岸商贸融合发展新局面。

（三）发挥区域网络中介效应，加快两岸经济融合发展进程

台商、台企深度融入大陆双循环新发展格局，是两岸经济融合发展的重要内容。当前，构建双循环新发展格局强调以内循环为主体，并非实行自我封闭的自循环，而是经济循环的侧重点更多地转向内循环。内循环与外循环本质上是相互叠加、优势互补的关系。外循环需要内循环的支撑，而内循环依靠外循环来带动。因此，在双循环新发展格局下，既应着力增强台资企业在大陆经济网络的根植程度，也应带动提升台资企业在国际经贸市场的竞争优势。

新时期大陆外循环网络主要通过“一带一路”倡议、自由贸易区（港）建设等，连接与统筹两个市场，并依托经济带、城市群与都市圈等各级空间组织的网络化连接，在全球经济大变局中培育大陆外循环竞争新优势。“一带一路”倡议为两岸企业合作提供了广阔的平台，双方企业既可内移西进就中西部开发等方面尝试先行合作，以逐步对接“一带一路”沿线国家市场，又可与作为21世纪海上丝绸之路核心区的福建进行区域整合与商务对接，共同开拓东南亚市场。还应充分发挥自由贸易区（港）的内外联动优势，重视加强两岸自由贸易区（港）之间的合作与对接，借助自由贸易区（港）中介效应来协调两岸产业

的空间规划与政策制度。粤港澳大湾区建设正持续深入推进，其与“一带一路”倡议、自由贸易区（港）战略紧密相关，既体现了“一带一路”网络节点作用，又含有自由贸易区（港）的实践样本，是推动形成全面开放新格局的重要支撑区和示范区（李宜达，2019）。粤港澳大湾区建设作为新时代“一国两制”的新实践，为广大台商台企参与两岸交流合作、推动台资企业转型升级提供了新的重大机遇。

基于此，两岸可从构建节点互联的区域网络着眼，推动两岸经济融合发展，依托“一带一路”倡议、自由贸易区（港）建设、粤港澳大湾区建设等所提供的经济网络，在要素自由流动、信息平台共建、全球价值链参与、国际分工与合作、商务对接与协调、技术研发与转化等方面构筑两岸区域网络。以“一带一路”倡议作为双循环新发展格局建设中网络结构布局的战略大平台，将自由贸易区（港）视作两岸经贸网络节点，同时把粤港澳大湾区打造成布局两岸经贸一体化网络的关键枢纽，有利于进一步发挥两岸经济网络效应，促进两岸联动合作、融合发展。

四、结语

关于两岸经济融合发展的框架体系和推进路径，目前仍存在较大的实践空间。既要从宏观的视角构建两岸经济合作机制，也应从微观的视角对两岸经济融合进程的微观变化与发展绩效进行考察。在新冠疫情和国际竞争变局双重问题叠加的背景下，两岸应依据客观现实与演变条件，结合当前大陆内外循环中两种不同生产关系的调整与变革，着力重塑两岸经济布局。

我们需要认识到，无论是畅通经济内循环还是推动经济外循环，其核心要义都在于打通资源要素流动堵点，破除各种体制机制壁垒，在推动区域经济迈向协调整合与融合的过程中实现整体经济运行的良性循环（李宜达，2021）。因此，在双循环新发展格局下，相关部门可以从政府、商贸、区域三个维度着眼构建两岸经济网络，推动实现生产要素全过程、全产业链的自由流动；通过政府网络主导作用、商贸网络平台优势、区域网络中介效应的相互叠加与共振调整，促进两岸企业、产业、区域的深度融合与协同发展，设计“三位一体”的两岸经贸合作网络规则，形成具有较强抵抗力与稳定性的两岸经济融合网络，以三维网络的复合效应与叠加效应为新时期两岸经贸合作提供重要支撑，助推两岸经济融合发展跃上新台阶。

参考文献

[1] 陈先才．两岸特色经济合作机制的建构［J］．厦门大学学报（哲学社会科学版），2009（6）：72－78.

[2] 邓利娟．评萧万长的“两岸共同市场”构想［J］．台湾研究集刊，2001（3）：40－47.

[3] 范宏云．新时代构建两岸命运共同体的路径思考：以“大一统”思想为视角［J］．台湾研究，2018（5）：38－47.

[4] 李非．建立“两岸共同市场”问题研究［J］．台湾研究，2005（3）：1－5.

[5] 李宜达，王方方．双循环新发展格局的现实逻辑与区域布局［J］．工信财经科技，2022（2）：62－75.

[6] 李宜达．双循环新发展格局下区域、政府与市场的协调整合［J］．中国西部，2021（6）：43－48.

[7] 李宜达. 以三大平台推动新时代开放经济向纵深发展 [J]. 社会科学动态，2019 (7)：28-32.
[8] 林媛媛. 构建海峡两岸自由贸易区的可行性分析 [J]. 国际经贸探索，2003 (3)：57-60.
[9] 盛九元. ECFA对两岸经济合作的影响：进展与前景 [J]. 世界经济与政治论坛，2010 (4)：25-34.
[10] 石正方. 两岸经济融合发展：概念界说与路径选择 [J]. 台湾研究集刊，2020 (3)：41-49.
[11] 苏美祥. 两岸经济融合发展的内涵、难点与推进策略思考 [J]. 台湾研究集刊，2020 (4)：101-110.
[12] 唐永红. 从开放性次区域自由贸易区到全面性两岸经济一体化：海峡两岸经济一体化实现路径研究 [J]. 国际经贸探索，2006 (2)：23-27.
[13] 王方方，李香桃，徐文燕. 政府合作、网络演化与跨区协同效应：基于粤港澳大湾区的数据分析 [J]. 制度经济学研究，2020 (4)：183-203.
[14] 王方方. 政府中介、贸易网络与对外经济效应 [J]. 制度经济学研究，2017 (1)：219-232.
[15] 王晓娟. 网络视角下企业跨区域发展与产业集群升级研究 [J]. 科技进步与对策，2009 (8)：52-55.
[16] 王勇. 台湾"自由经济示范区"规划建设及对两岸区域经济合作的影响 [J]. 台湾研究集刊，2014 (6)：52-61.
[17] 王媛媛. 新常态下两岸经济融合发展的动力转换与路径选择 [J]. 福建论坛（人文社会科学版），2016 (9)：176-183.
[18] 吴宜. 新时代两岸经济社会融合发展的新进路 [J]. 台湾研究，2018 (6)：50-57.
[19] 肖日葵. 两岸经济社会融合发展与政策深化路径简析 [J]. 台湾研究，2019 (6)：48-55.

[20] 徐惠蓉．“华南经济圈”的构想［J］．开放导报，1993（1）：73-75.

[21] 王方方．构建新时代开放型经济网络体系［J］．财贸经济，2019（8）：5-17.

[22] 于海峰，王方方．建设新时代中国特色社会主义开放经济理论体系［J］．东岳论丛，2018（5）：38-47.

[23] 张冠华．推进两岸经济融合发展的形势与思路［J］．台湾研究，2015（6）：3-13.

[24] 张广芳．“华南经济圈”与“一国两制”［J］．探求，1992（5）：53-56.

[25] 周小柯，李保明．双循环格局演变及对两岸经济融合发展的影响［J］．亚太经济，2021（3）：129-137.

[26] 曾华群．ECFA：“两岸特色”的区域贸易协定实践［J］．厦门大学学报（哲学社会科学版），2011（4）：78-85.

[27] Acemoglu D, Ozdaglar A, Tahbaz-Salehi A. Systemic risk and stability in financial networks [J]. American economic review, 2015 (2): 564-608.

[28] Antras P, Costinot A. Intermediated trade [J]. The Quarterly journal of economics, 2011 (3): 1319-1374.

[29] Batten D F. Network cities: creative urban agglomerations for the 21st century [J]. Urban studies, 1995 (2): 313-327.

[30] Castells M. Toward a sociology of network society [J]. Contemporary sociology, 2000 (5): 693-699.

[31] Economides N. The economics of networks [J]. International journal of industrial organization, 1996 (6): 673-699.

[32] Farrell J, Klemperer P. Coordination and lock-in: competition with switching costs and network effects [M] //Armstrong M, Porter R H. Handbook of Industrial Organization: Volume 3. New York: North

Holland, 2007: 1967 - 2072.

[33] Friedmann J, Wolff G. World city formation: an agenda for research and action [J]. Interactional journal of urban and regional research, 1982 (3): 309 - 344.

[34] Garlaschelli D, Loffredo M I. Structure and evolution of the world trade network [J]. Physica a: statistical mechanics and its applications, 2005 (1): 138 - 144.

[35] Katz M L, Shapiro C. Network externalities, competition and compatibility [J]. The American economic review, 1985 (3): 424 - 440.

[36] Liebowitz S J, Margolis S E. Network externality: an uncommon tragedy [J]. Journal of economic perspectives, 1994 (2): 133 - 150.

[37] Meijers E. Polycentric urban regions and the quest for synergy: is a network of cities more than the sum of the parts? [J]. Urban studies, 2005 (4): 765 - 781.

[38] Sun Y, Cao C. The evolving relations between government agencies of innovation policymaking in emerging economies: a policy network approach and its application to the Chinese case [J]. Research policy, 2018, 47 (3): 592 - 605.

构建新时代开放型经济网络体系①

王方方

摘　要　党的十九大将十八大提出的“加快形成更高水平对外开放新格局”提升到“推动形成全面开放新格局”的新高度，是对我国社会主要矛盾转变后对外开放提出的新要求。本文基于对新时代世界开放型经济格局特征的把握，特别是对十九大精神与经济网络化内在关联的认识，在梳理国内外开放型经济理论发展脉络的基础上，从商贸网络、区域网络和政府网络三个维度，提出了以构建新时代开放型经济网络推动形成全面开放新格局的逻辑思路、框架体系与发展路径，阐述构建新时代开放型经济网络体系来形成多元平衡开放新格局的战略意义。

关键词　新时代中国特色社会主义；开放型经济；网络效应；新格局

一、引言

当前，在全球金融环境收紧、贸易紧张局势持续等因素影响

① 原载于《财贸经济》2019 年第 8 期。

下，全球经济增速呈现逐步放缓的趋势。与此同时，亚洲与世界经济的互动呈现新形态，走过改革开放四十年的中国正以新时代崭新的面貌在世界舞台上扮演越来越重要的角色。现阶段，中国对外开放维度、领域、层次不断拓展，从沿海开放到内陆沿边开放，从引进来为主到引进来与走出去并重，从制造领域开放到服务领域开放……随着我国开放型经济水平的提高，“形成全面开放新格局”已被提升到国家战略高度。习近平总书记强调，“各国经济，相通则共进，相闭则各退”，“中国将在更大范围、更宽领域、更深层次上提高开放型经济水平”，“我们将坚定不移奉行互利共赢的开放战略，继续从世界汲取发展动力，也让中国发展更好惠及世界”。党的十九大报告指出，“中国开放的大门不会关闭，只会越开越大……形成陆海内外联动、东西双向互济的开放格局”。十九大报告不仅重申中国坚持对外开放的基本国策，还将“发展更高层次的开放型经济”写入新时代中国特色社会主义思想基本方略，并在“建设现代化经济体系”部分中将其细化为一系列具体部署，包括全面落实准入前国民待遇加负面清单管理制度，实施高水平贸易与投资自由化、便利化政策，大幅度放宽市场准入准则，并探索建设自由贸易港等。2018 年，全国两会也强调了“推动形成全面开放新格局……完善开放结构布局和体制机制，以高水平开放推动高质量发展。”可见，在经济全球化的浪潮中，如何应对经济的平衡性发展，做好新一轮的高水平对外开放，让“开放的大门不会关闭，只会越开越大”是新时代我国对外开放水平提升的新要求，也是改革开放四十年来我国“以开放促改革、促发展”的重要经验和启示。因此，站在新的历史起点，我们应当运用中国智慧和中国战略，全面、深入、高度地概括出中国特色社会主义开放经济理论，构造有益于我国对外开放水平提升的理论框架，逐步增强中国特色社会主义理论自信。

本文通过对国外开放型经济理论发展脉络的梳理，将网络理论与现有理论进行融合，结合新时代社会主义发展特征，提出网络理论内部结构平衡性和整体网络协调性的新思路，不仅为建设新时代中国特色社会主义开放经济理论框架提供一种全新的思路，对于新时代中国构建更高水平的开放型经济新格局也具有战略指导意义。基于网络体系构建新时代中国特色社会主义开放经济的逻辑、框架与路径，也是站在一个新的历史高度，以全新的理论体系框架指导我国培育更高水平的开放型经济新优势。本文提出从商贸网络、区域网络和政府网络三个维度，建立推动形成全面开放新格局的理论框架，具有一定的理论指导意义。

二、世界经济呈现全球化、网络化开放特征

新时代世界开放型经济格局逐渐呈现出新的特点，世界经贸关系、合作关系表现出网络化的发展趋势。基于此，党的十九大提出了新阶段、新目标，对我国社会主要矛盾转变后的对外开放提出了一系列新要求。在关注以对外开放促经济增长的同时，新时代中国特色社会主义开放型经济应更加重视开放经济过程中的平衡性发展结果。因此，有必要重新认识当前世界开放型经济格局的特征，深刻领会十九大精神的新动向，以及十九大报告中的新要求与网络化世界的内在关联。

（一）新时代世界开放型经济格局的特征

当前，劳动力、资本、技术和信息知识等生产要素在全世界范围内正经历着日益加速的流动和配置，所有经济体都直接或间接地形成了“相互共存”的统一经济体系。全球经济的统一协调发展关系着世界各国的经济命运，是促进世界经济复苏发展的重要发力点。然而，受全球金融环境收紧、贸易紧张局势持续等因素影响，全球经济增速将有所放缓。IMF 在 2019 年发布的《世界经济展望报告》中，将 2019 年和 2020 年的全球经济增长预期分别下调至 3.5% 和 3.6%。世界银行发布的《全球经济展望》也将 2019 年全球经济增长预期下调至 2.9%。

全球经济放缓的态势，逐步加剧了世界经济的逆全球化趋势。以美国为首的经济体的纵横主义和逆全球化态度，发达经济体和发展中经济体相继采取的提高关税、数量限制、增加清关手续等形式的贸易政策都给全球化提出了难题，无疑是对世界经济发展提出的巨大挑战。究其原因，世界各主要国家经济发展不平衡和内部不平等问题是促成逆全球化的重要原因（姚枝仲，2018）。首先，美国国内储蓄投资的不平衡和国际收支自动调整机制的乏力导致贸易不平衡问题突出，以致特朗普推行传统的贸易保护措施来降低贸易逆差，进而引起逆全球化浪潮。其次，全球化带来的受益群体失衡，致使发达经济体内部居民收入不平衡，各国纷纷采取贸易保护来降低不平等程度。但从长远来看，一系列治标不治本的贸易保护措施终将给世界经济和全球化发展带来危机。因此，世界各国经济发展不平衡和内部不平等现象需要重点解决。从现阶段来看，新时代我国经济运行也将面临七大

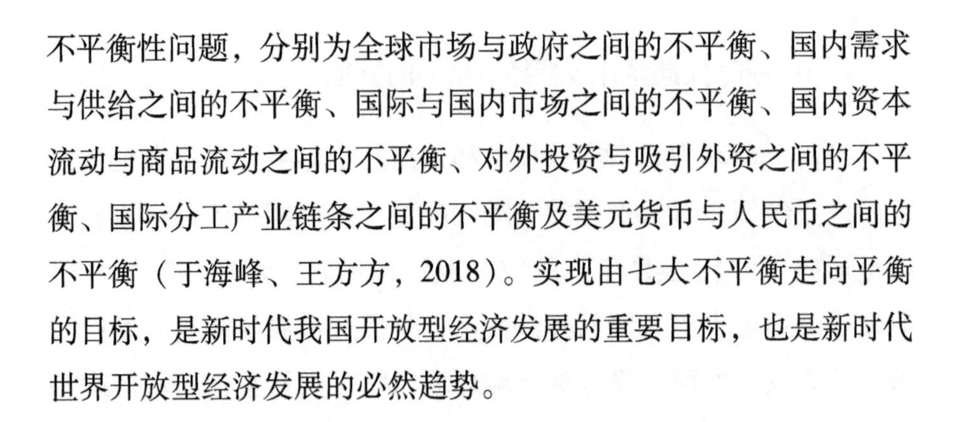

不平衡性问题，分别为全球市场与政府之间的不平衡、国内需求与供给之间的不平衡、国际与国内市场之间的不平衡、国内资本流动与商品流动之间的不平衡、对外投资与吸引外资之间的不平衡、国际分工产业链条之间的不平衡及美元货币与人民币之间的不平衡（于海峰、王方方，2018）。实现由七大不平衡走向平衡的目标，是新时代我国开放型经济发展的重要目标，也是新时代世界开放型经济发展的必然趋势。

（二）西方主流经济理论的缺陷和新时代中国特色社会主义思想的正确性

长期以来，均衡分析法在西方主流经济理论（特别是新古典经济理论）中，一直占据着极其重要的地位。相对于过度强调相等的均衡结果，平衡性思想则要求各个方面要达到一种稳定、合理的状态，在经济学中则是指经济资源要合理分布、分配，强调社会具有公平的结果。以西方主流经济理论为基础建立的开放型经济理论，更多的是强调通过市场自由调节来实现资源的有效配置，从而达到一种均衡状态。而这种开放型经济的均衡状态，没有考虑经济结果的平衡性，自然成为西方主流经济理论的严重缺陷。

通过对国外主流开放型经济理论发展脉络的梳理，笔者发现西方主流经济理论体系下的国际贸易理论发展大致可分为三个阶段：古典贸易理论、新古典贸易理论（20 世纪 30 年代）和新贸易理论（20 世纪 70 年代末 80 年代初）阶段。三阶段理论建立在完全和不完全竞争开放市场的假设条件下，主要基于供给（要素资源禀赋和要素生产率等）和需求（消费者）两个层面的刻画，并以此来分析促成开放贸易和国际化分工的动力机制。各阶段的理论主要基于资源优势、要素禀赋等先天和后天因素的差异，以突出在国际贸易中如何实现高效配置及一般均衡结构的变化情况为重点，但均忽略了国际贸易合作中公平性和平衡性特性。无论从绝对优势分工理论到比较优势理论，还是从新古典贸易理论到新贸易理论，无不在强调先天比较优势选择与后天专业化分工基础上的开放经济均衡，都是通过市场自由调节而实现资源的有效配置，最终达到均衡的过程。这个均衡实现的过程，没有考虑经济结构的平衡；同时这一均衡实现的结果也没有体现真正的公平。

更重要的是，当前理论缺乏对现代开放型经济体系的整体系统研究。虽有部分文献研究发现全球贸易与投资的网络化趋势，但多局限于贸易与投资中某单一方面的研究，大多仅从一个领域、一种角度或一个国家出发，没有将贸易与投资网络从理论到实践上进行整体系统连接，进而没有进一步分析出各种网络效应存在的内外部驱动力。经济体系本来就是一个各领域、各层次相互融合、不可分割的整体，单独建立某一特定领域的网络化，势必会将整体关系分离，不能全局、全方位、网络化地认识发展内外的不平衡问题。因此，现有研究缺乏将整个经济体系中涉及的各层次、各领域的网络化进行系统性构建。

而新时代中国特色社会主义开放型经济，更展现互利共赢和多元平衡的网络协同，更强调构建平衡、高效、公平的开放型经济体系。面对现有西方主流开放型经济理论已无法满足新时代我国开放型经济发展需求的事实，新时代中国特色社会主义思想克服了传统西方经济学理论存在的缺陷。针对我国社会主要矛盾的转变，党的十九大报告提出建立现代化经济体系。习近平总书记在中央政治局第三次集体学习的讲话中指出：现代化经济体系，是由社会经济活动各个环节、各个层面、各个领域的相互关系和内在联系构成的一个有机整体。现代化经济体系是一个“属系统”概念，其所包括的市场体系、收入分配体系、产业体系、城乡区域发展体系、绿色发展体系、全面开放体系和经济体制，属于一个统一整体，必须一体建设、一体推进。现代化经济体系的建设不是仅仅强调通过市场自由调节来达到均衡状态，而是考虑到经济结果、经济结构的平衡，以期实现“更高质量、更有效率、更加公平、更可持续的发展”来解决新时代我国社会面临的主要矛盾，深刻体现现代化经济体系的建立是解决发展不平衡、不充分问题的重要途径。

（三）党的十九大精神的新动向及与网络化世界的内在关联

党的十九大把习近平新时代中国特色社会主义思想确立为党必须长期坚持的指导思想，并且指出中国特色社会主义进入了新时代，我国社会主要矛盾已经转化为人民日益增长的美好生活需要和当前经济不平衡不充分之间的矛盾（侯远长，2018）。这一重大政治判断要求我们党必须正视不平衡、不充分的发展问题，与时俱进地调整我国对外发展战略。党的十九大提出的新阶段、新目标，特别是党的十九大将十八大提出的“加快形成更高水平对外开放新格局”提升到“推动形成全面开放新格局”的新高度，都是对我国社会主要矛盾转变后的对外开放提出的新要求。新时代下，我国经济的发展已经进入依靠创新和结构升级来成为经济增长新动力的转换阶段。这对我国对外开放提出了进一步要求，因此更需要利用好外部资源和外部市场，通过更深层次的开放合作，推动创新能力的提升，从而“形成陆海内外联动、东西双向互济的开放新格局”。

当今世界经济格局不仅存在诸多不平衡性问题，而且也存在许多国家发展的不充分问题。世界发展的共同难题和新时代面临的普遍困境，开始逐渐唤醒世界各国携手构建人类命运共同体的意识，但是要想真正走出历史困境，解决时代问题，仅有意识和构想是不够的。现阶段构建人类命运共同体的现实基础是否已经具备，才是最具决定性和紧迫性的前提条件。准确把握这一现实基础并促进其发展壮大，是构建人类命运共同体的基础工作。网络化世界实际上是人类命运共同体的自然延伸和典型代表。在网络化世界秩序中，各个经济体通过在经贸产业上相互协调、在政治安全上相互交流及在社会文化上相互融合，实现不同经济发展程度、不同社会制度和不同文明之间的相互共处、共生、共赢，最终构建出一个和谐的全球性的人类命运共同体。人类命运共同体强调内部与外部开放的协同，实际上是强调内部网络、外部网络和内外部网络之间连接的重要性。

在当前经济全球化和经济平衡发展的背景下，各国间的经贸协定层出不穷，自由贸易区的多层次深化发展，加上在全球化过程中起到重要作用的跨国公司，也正经历着复杂一体化的深化发展阶段，这些因素均为世界各国经济的发展带来更加紧密的直接与间接联系，开始呈现出多极化、复杂化的世界经济网络特征。近年来，跨国公司逐渐通过控制分布在世界的总部、分支机构网络来实现价值创造和分配，从而使得对全球商品链的控制转向更复杂的全球价值链控制，逐步呈现出更为复杂的世界经贸网络关系。不仅如此，逐渐增多的自由贸易区正深度融入全球经贸关系的网络中。相关统计数据表明，2017 年全球各类自由贸易区（港）数量有1000 个左右，世界自贸区联合会也相应成立，推动着各国对外贸易额的大幅度提升，正逐步形成发挥巨大网络效应、辐射全球的自由贸易区网络（于海峰、王方方，2018）。

基于此，党的十九大确立中国经济进入新时代，并以形成面向全球的贸易、投融资、生产、服务网络为鲜明内涵特征。本文在对开放经济理论思潮、世界开放型经济格局特征与新时代中国特色社会主义开放经济发展内涵梳理的基础上，提出以构建新时代开放型经济网络推动形成全面开放新格局的逻辑思路、框架体系与演化路径，以展现基于网络体系构建的开放型经济新格局与新时代中国特色社会主义思想内在的一致性逻辑。

三、以网络体系构建推动形成全面开放新格局的逻辑思路与框架体系

（一）推动形成全面开放新格局的逻辑思路

随着不同于西方主流经济理论框架的网络化理论的迅速发展，诸多学者开始认为经济网络化是经济全球化相关进程的必然结果（Friedmann & Wolff，1982；Sassen，1991），并将其逐渐运用到全球经济网络研究中（Castells，1996）。网络理论作为强调节点关系过程和表达的理论，包括一系列基础理论概念，如联系、传递性、互惠关系、一致性、凝聚力、结构平衡等，网络的形成是建立在个体间具有相互作用的重要关系假设上，分析单位

不是单独个体，而是一个由个体和个体之间的关联所组成的实体（孙军、高彦彦，2016）。网络理论追求的是一种平衡、合作、协调的网络关系，逐渐摆脱了国际经济上的隶属、控制、竞争的等级思维的局限性。与等级式国际经济关系相比，网络式关系具有自动改善各方经济增长的作用（Pain et al.，2016），更加适合解决全球经济区域发展不平衡的问题。

在形成经济网络之后，网络中各个要素的变化将产生不同程度的网络效应。《新帕尔格雷夫经济学大辞典》中关于网络效应的定义，强调网络规模及新增个体对于网络中其他节点在效率、成本上的影响。除此之外，Liebowitz 和 Margolis（1994）指出经济学研究中的网络效应侧重于关注节点间的相互作用，而不是规模扩大导致的规模报酬递增。关注网络效应的经济学文献也多从上述这些角度入手。Exel 等（2002）认为，网络效应是指网络中的一个局部变化，是对国家内和国家间经济活动的重新分配，以及由此产生的经济活动在空间上的重新分布和区域间的溢出效应。作者将前者（即网络对于资源的重新分配）视为直接网络效应，将后者（即网络作为经济发展战略对于经济活动的影响及带来的溢出效应）视为间接网络效应。从这个意义上讲，网络效应作为网络的一部分，是世界经济网络中各个节点之间的相互作用的结果。网络效应不能简单地将孤立的各个节点的影响叠加，而应将整个网络作为一个有机整体，考虑区域间经济竞争或互补的影响。

经济网络聚焦于 Castells（1996）提出的“流动空间”理论，他认为现代社会是由资本流、信息流、技术流等各种流组成，这种流是支配经济、政治和社会的过程表达，所以网络社会被“流动空间”支配并塑造。在世界经济发展过程中，区域空间关系因流动空间而得到重新整合，从而形成区域流动空间网络，强化了各区域的连接平衡性与协调合作关系。对于各个区域而言，世界经济网络化的过程是区域间水平联系和合作关系的构建过程，同时也是各个国家经济发展相对优势变化的过程，影响着国际经济合作的动态变化。而整个经济网络作为一个整体，通过发挥网络化直接和间接效应，从而使区域间关系走向竞争、合作、互补、协调的方向。因此，网络理论的逻辑与新时代开放型经济强调多元平衡、公平的经济体系要求一致，网络的内部结构平衡性和整体协调性发展方向已成为研究新时代中国特色社会主义开放型经济的重点。

新时代，我国正以全新的战略思维、准确的战略研判、坚定的战略举措参与国际规则的重塑，并且大力推动全面开放新格局的形成。我国开放型经济的发展，必须立足于现阶段我国的基本国情，与时俱进地赋予新时代社会主义理论发展的特色。我国改革开放四十年以来，开放型经济正实现由初始发展到全面深化阶段的过渡与提升。而网络理论探索的内部结构平衡性和整体协调性，正逐步成为新时代中国特色社会主义开放型经济的重点。将网络理论与现有理论进行融合，对于建设新时代中国特色社会主义开放经济理论体系是一种创新思路。这也说明随着时代不同、经济形态不同，经济理论也在不断演变和完善。这些理论基础的不断发展，为开放型经济向更高水平的推进做出了巨大贡献。

在促进新时代中国特色社会主义开放型经济发展的问题上，我们不应只关注开放带来的经济增长效率问题，更须重视由开放所引起的发展平衡结果。因此，在新时代要构建中国特色社会主义开放经济理论体系，则需要关注经济的平衡性发展。实现开放经济的平衡发展，其本质是最终实现各个国家、地区、阶层、人群之间都能享受经济全球化所带来的利益，即注重公平，实现互利共赢，打造人类命运共同体。新时代下，推动全面开放新格局的形成离不开经济带的构建。经济带主要以一个或多个核心城市作为轴上的节点，以此充分发挥经济辐射和聚集功能，从而形成以点带面，从线到面的生产和贸易一体化的带状经济区域，实现区际之间经济的协调、平衡和可持续发展。经济带的作用机理实际上是网络化的平衡原理（王方方，2016）。

本文是在党的十九大准确将目前国家主要矛盾落脚到发展不平衡、不充分问题的基础上，进而提出基于网络体系构建的新时代开放型经济新格局，进一步落实十九大关于“形成面向全球的贸易、投融资、生产、服务网络”的重要指示。本文拟在新时代中国特色社会主义经济理论框架下论证我国开放型经济网络构建对世界经济平衡性发展的贡献，同时以构建开放型经济网络研究的技术体系为支撑，进而深入分析商贸网络、区域网络与政府网络在形成三维网络化效应合力上的内在机理，为发展平衡性的对外开放新格局提供理论支撑与政策指引，具体逻辑思路见图1。

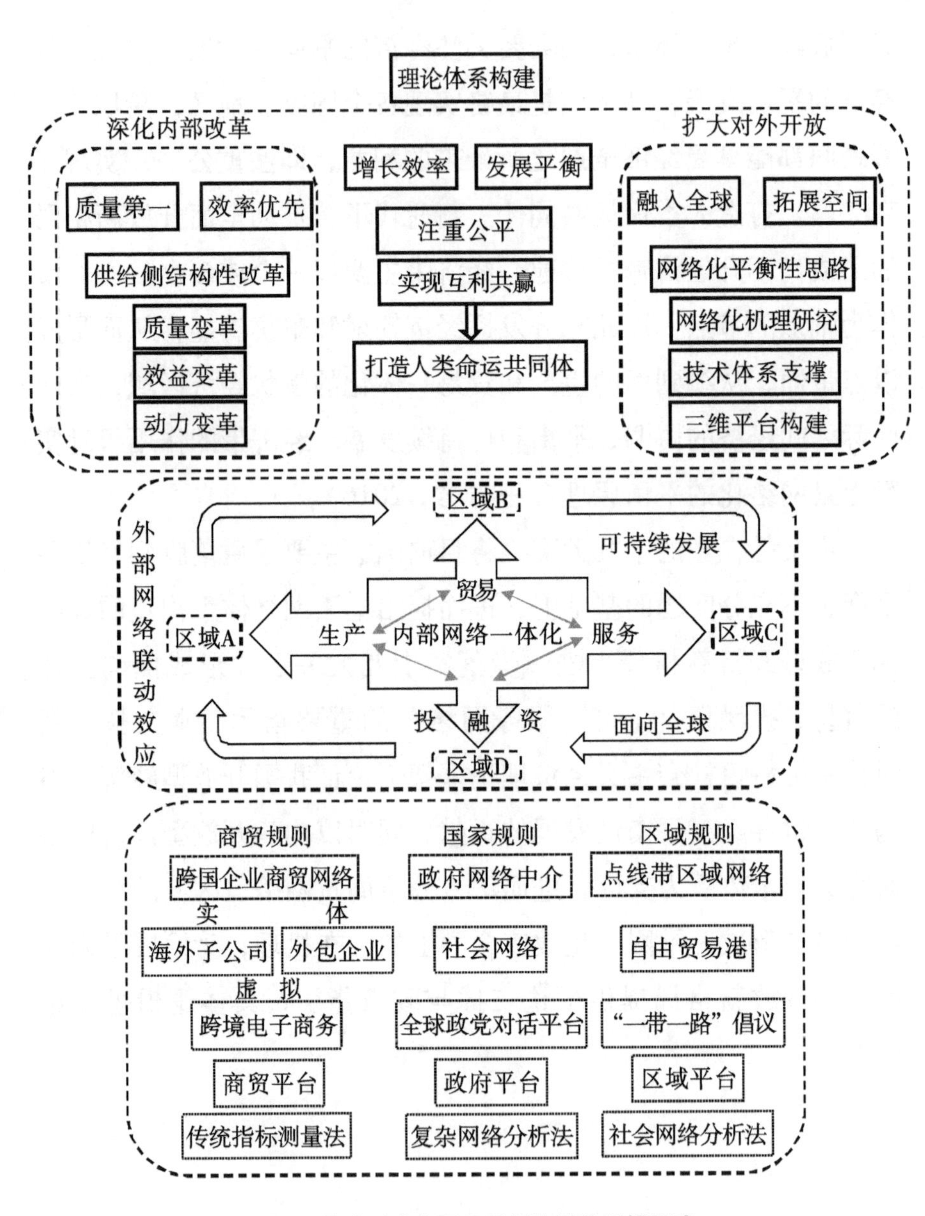

图1　推动形成全面开放新格局的逻辑思路

（图片来源：笔者自制。）

（二）推动形成全面开放新格局的框架体系

在研判世界经济形势、梳理世界经济理论与我国开放型经济发展脉络的基础上，本文对理论体系中的三大主体网络——商贸网络、区域网络和政府网络进行平行式分解，分别对三维网络各自的内外部网络效应进行分析，进而形成我国在世界经济七大不平衡性发展中的协调作用。

1. 商贸网络

商贸网络研究发端于国际贸易网络（international trade network），较好地体现了国家（地区）间彼此连接和依赖的经济关系。最早 Snyder 等（1979）采用社会网络分析法对国家贸易网络“核心—半边缘—边缘”结构理论假设进行验证。早期研究侧重国际贸易无向无权网络，主要分析国际贸易网络是否符合复杂网络特征（Garlaschelli，2005），近年来研究开始侧重于分析国际贸易有向有权网络。国内学者中，孙军和高彦彦（2016）在 Hotelling 模型基础上，将网络效应和企业平台战略结合起来。也有学者提出，现代跨国公司日益成为处于由不同国家相互联系的分支机构组成的更加复杂的差异化网络（薛求知，2005），形成了跨国企业组织网络化的内部网络化和外部网络化研究范式。这些研究对于我们构建开放、包容、共享的世界经济网络提供了基础分析框架。

新时代，世界经贸关系合作呈现网络性趋势。一方面，跨国公司一体化发展的程度在不断加深，各国间的经贸协定层出不穷；另一方面，跨国公司面临的内外部环境日益复杂，自由贸易区的多层次深化发展，导致全球经济逐渐呈现出多极化、复杂化的世界经济网络特征。商贸中介是发挥网络平台效应的重要组织形式之一。在实体贸易中介机构中，发挥行业内具有世界竞争力的世界一流企业的主导作用，使其成为具有世界级影响力的商业中介，鼓励、引导更多的批发零售企业走出国门、面向世界，加快中间流通链企业的国际化进程。跨国企业子公司可以通过其数量、模式和边际扩张来充分发挥自身配置全球资源的能力。在虚拟贸易中介机构中，跨境电子商务平台的构建将为大数据技术支持下的贸易中介发挥网络效应注入全新的动力。商贸中介将跨境电子商务视作该平台的主要角色，以大数据技术为基础为新产品和服务的开发提供合理决策，促使信息传递加快，运营成本降低。跨国公司可凭借其国内的客户网络、融资力量和日趋完善的物流体系等基础，更加顺利地在该平台开展国际贸易和投资活动，进一步提高我国对外开放的水平（王方方，2016）。

党的十九大报告提出要“培育具有全球竞争力的世界一流企业”，“形成面向全球的贸易、投融资、生产、服务网络，加快培育国际经济合作和竞争新优势”。基于此，为实现十九大精神下构建高水平对外开放新格局的目标，我国需要培育一大批具有全球竞争力的世界一流跨国企业，进而提升我国在全球贸易与投资一体化过程中的整合与配置能力。以形成我国具有国际竞争力的跨国企业为第一视角，关注其在全球形成的贸易、投融资、生产与服务等价值链网络，以此作为推进我国跨国企业平衡世界经济格局的第一层网络——外部网络；而另外一层内部网络则来自跨国企业内部，即我国跨国企业母公司与子公司在企业组织内部逐步构建的全球贸易投资、生产服务与创新网络。双层网络的合力叠加，能够进一步凝合具有一定国际竞争力的中国跨国企业网络资源，拓展数量、模式和区位层面的扩展边际，形成三个层面的多元化优势整合网络，最终实现党的十九大报告中所提出的

"加快培育国际经济合作和竞争新优势，培育出一大批具有全球竞争力的世界一流企业"。

2. 区域网络

由于网络分析法注重的是整体网络的协调性，避开了以往学术界关注的单个研究对象，因此这一特征为区域城市发展方向提供了新的研究视角。目前，对于区域网络的研究主要分为世界城市网络研究和区域城市网络研究（路旭，2017），其中，世界城市网络的研究主要基于"世界城市体系"的概念的界定（Duncan，1960）、Friedmann（1986）提出的世界城市假说、Sassen（1991）提出的全球城市理论和 Castells（1996）提出的"流动空间"理论。由英国拉夫堡大学地理系学者创办的全球化与世界城市研究小组与网络（Globalization and World Cities Study Group and Network，GaWC）构建的世界城市网络研究框架，其理论分析与实证结论为区域网络建立了新的研究范式。

区域中介是发挥开放经济网络化效应的重要力量。现阶段，我国经济发展应立足于呈现复杂网络化趋势的内外部经济环境，积极推进"一带一路"沿线的重要节点建设、沿江经济带沿边的区域协调发展建设、自贸区等全球资源要素配置建设、网络化基础设施建设等区域空间布局优化，以此来发挥我国在不同维度上的区位中介作用，实现空间重塑的网络化效应（王方方，2014）。在自由贸易试验区、自由贸易港等平台节点发挥较强联通的作用机制下，发挥以"一带一路"倡议为代表的国际化区位平台的网络化效应，形成经济各层次和多维度复合区位的空间开放格局，进一步提升区位平台的贸易投资便利化程度、完善各项网络基础设施建设以及加快经济体制改革步伐，最终实现以跨国公司为主体、社会各界组织积极广泛参与的多维区位平台，形成我国内外平衡的区域网络化平台新格局。

3. **政府网络**

与一般社会网络不同，政府作为网络主体，并不具体参与网络中的交易、竞争、协商等，而是提供从搭台、撑台、护台到后台的政治、经济和具体服务性支持，集中精力和资源做好事关区域发展现状、未来长远发展的共同事务或公共事务（Sun & Cao, 2018）。在市场机制作用下，如何将政府发展策略与网络效应结合起来，从理论和实证层面研究政府策略对于网络效应的影响十分必要。从目前研究来看，Acemoglu 等（2015）从网络博弈的角度研究了政府网络下的网络竞争关系，其研究认为政府间的网络博弈主要体现在政府政策的溢出效应上，认为可以通过识别溢出效应来识别网络竞争效应。在互联网技术的影响下，互联网正影响着政府的管理理念和管理方式的变化，因此，李东泉等（2015）提出横向、纵向和斜向府际关系的网络化趋势，即政府之间产生新型互动行为的网络化关系。

政府作为政治与社会网络产生作用的重要主体，在世界经济格局的平衡发展中发挥着重要的网络化效应。政府扮演着中介桥梁的角色，主要与相关政府部门、半官方机构和非官方组织（如商会、社会团体等）共同协作，通过优化内外部营商环境，逐步构建可供企业参与、合作、竞争的战略性网络平台，引导企业朝着有利于我国开放型经济水平提升的方向发展。在政府网络中，政府部门应支持鼓励半官方机构的重要衔接与协作职能，为我国政府与企业的对外经济活动的协作发展起到搭梁建桥的作用。各行业智库、商会及社会组织团体等，为企业从事涉外经济活动的各环节提供全方位服务，发挥其在政府内外部网络连接、协作的中介作用。政府、半官方及非官方组织能够同心协力凝聚各项商务与社会资本，设立具有全球性统一标准的规则，打造出高端、高标准的单一窗口平台，不断实现资源最优化配置，形成政府网络平衡的开放型经济新格局。

最后，在新时代中国特色社会主义思想体系的指引下，结合上述对三维网络的机理研究，通过建立由传统指标、社会网络分析指标和复杂网络分析指标构成的技术体系框架，可以对商贸网络、区域网络和政府网络的形态、结构及其演变趋势进行系统性测度和模拟，进而得出各网络整体、内部以及相互之间关联的发展状态和演变过程，为论证三维网络对我国推动新时代开放型世界经济平衡性发展提供技术与方法支撑。

四、 以网络体系构建推动形成全面开放新格局的路径

如何通过形成以节点为平台、以平台连线、以线拓展经济带的“点线带”多维互动发展，以此来发挥网络化平台效应，是构建对外开放新格局的一大难点。从我国基本的国情看，我国区域发展的整体协调性还有待完善，产业经济结构亟待优化，经济增长处在由“粗放型”向“集约型”转变的过渡期，因此，以构建商贸、区域和政府三维网络来实现多元平衡的经济新格局，必将面临一定的限制。以下将从跨国企业商贸网络层面、区域网络层面和政府网络层面来探讨如何通过构建新时代开放型经济网络来推动全面开放新格局的形成。

（一）跨国企业商贸网络平台——形成国际生产、投融资、销售、服务网络规则

跨国企业可以通过两种方式实现国际生产、投融资、销售和

服务的网络一体化。第一种方式，由其子公司在海外完成，由于母公司形成了网络化效应，那么在内部，子公司就是连接海外市场与某国市场的中介，其发生的对外贸易与投资一体化的背后力量是跨国企业内部组织的网络化。第二种方式，跨国公司与处于外包角色的企业之间所形成的网络化效应。这些中介企业担任了商贸中介的角色，连接了跨国公司与海外市场之间的贸易投资业务，成为跨国公司对外贸易与投资业务的结合体。总而言之，对于跨国公司来讲，其发生对外经济合作的背后力量是市场网络化。而网络化产生的机理，如同跨国公司内部网络化一样，是由各种外部的中介组织产生。如果从跨国公司网络化效应发挥的角度，去思考如何拓展我国形成全面开放新格局的路径，就需要在数量上更多样、在模式上更多元、在区位上更广泛，即实现三元边际上的拓展。对于跨国公司来讲，无论是其内部网络化还是外部网络化效应的发挥，都需要虚拟或实体的中介在其中发挥重要的桥梁作用。而中介网络化效应的发挥，则需要诸如平台等载体的支撑。因此，跨国公司若要培育全球竞争能力，就需要主动构建平台去赢取自身对外贸易投资一体化的网络，即构建内部和外部的贸易、投融资、生产和服务网络，进而在全球竞争中主动赢取战略高地。

基于跨国企业生产率的异质性，我国企业在打造具有全球竞争力的一流水平过程中，可以遵循两个阶段分步骤实施：第一阶段，在跨国企业生产率水平较低时，需要借助已有国际平台，主要依靠外部市场网络，实现生产、服务、研发、贸易与投资的专业化分工，发挥共享经济效应，主动形成基于比较优势的专业化分工价值链；第二阶段，在跨国企业生产率水平较高时，需要自主构建平台，从外部市场网络构建逐步走向内部组织网络的构建，实现跨国公司内部贸易与投资一体化的网络，将生产、服务、研发等链条整合于自身一体，形成国际平台生态链。

伴随着全球化的多元深化发展，华为已经建立了全球的生产和运营网络布局，共设置七大片区，分别为中国本土片区、亚太片区、东太平洋片区、南非片区、中东/北非片区、欧洲片区与拉美片区。华为在中国本土片区设有总部组织机构，并在其他片区设置地区组织机构。这些组织机构之间的网络联系加快了华为全球贸易空间网络化效应的发挥。从2003年开始，华为开始将各个组织体系向全球市场扩展，同时内部组织机构也从集权化结构向产品线结构调整，至2010年底，华为发展了22个海外地区部、100多个分支机构，产品及其设计在全球137个国家和地区得到了广泛应用。此外，华为也建立了大平台化矩阵组织，涵盖了4大产品线与20多个地区部。自此，华为的整个组织机构间相互交织互动，形成了多元化的生产、销售、服务网络，最大限度地发挥着贸易投资的空间网络化效应。

（二）区域网络平台——形成自由贸易港和经济带互联的区域网络规则

在区域层面，区域间资源禀赋的先天性差异和专业化路径的后天选择这一双重不平衡制约，其结果可能会导致区域空间集聚和网络效应不明显，将使中国特色社会主义开放型经济理论体系的建立面临一定的约束。不同于以往传统区域经济不平衡问题的解决思路，区域网络平台的构建需要寻找网络中的节点，节点之间的联系轴线，最后连接形成区域网络，网络中各节点协调互动发展，最终达到平衡协调的状态。因此，区域网络平台的构建路径，主要从我国的自由贸易区和党的十九大提出的自由贸易港的建设着手，以长江经济带、京津冀协同发展和粤港澳大湾区发展战略为主要的联结方式，从而形成国内的区域网络新格局。同时，在国际上加快“一带一路”建设，追求世界各国经济发展互惠互利，共同构建人类命运共同体，为解决全球经济不平衡发展问题做出中国应有的贡献。从“一带一路”倡议的“共商、共享、共建”理念中，充分展现了以平衡为发展导向的根本思想，终将通过网络联动形成“不平衡到再平衡”的国际经济新格局（倪月菊，2017）。“一带一路”倡议以“海上丝绸之路”为海上经济联系轴和以“丝绸之路经济带”建设的陆上经济联系轴，推动着世界开放型经济联系轴的发展，实现世界经济的格局创新。

2013 年，习近平总书记提出“一带一路”合作倡议。自此“一带一路”借助中国与相关国家的双多边机制，开展更大范围、更高水平、更深层次的区域合作，分别从海、陆两方面来形成有效的区域合作平台，并高效利用“一带一路”区域平台发展与沿线国家经济合作关系，不断形成区域经济合作网络。“一带一路”经济区已承包工程项目超过 3000 个。2015 年，“一带一路”沿线共 49 个国家拥有中国企业的直接投资，中国承接的“一带一路”相关国家服务外包合同的金额达到 178.3 亿美元，执行金额 121.5 亿美元，同比分别增长 42.6% 和 23.45% 。可见“一带一路”正积极发挥中国新时代区域经济合作平台作用，通过深层次区域网络的构建，为打造开放型经济新格局奠定重要基础。

此外，自由贸易区作为国家对外开放特殊的功能区域，通过该区域内成员国相互取消商品贸易中的关税和数量限制，使商品在各成员国之间可以自由流动。自由贸易区的设立不断吸引着外资设厂，进而鼓励外资大型商业企业、金融机构等促进区内经济综合、全面发展。近年来，全球自由贸易区快速发展，越来越多自由贸易区进入全球视野。据不完全统计，2017 年全球共有各类自由贸易（港）区 1200 余个，形成了遍布全球的大大小小的区域网络，通过区域网络发挥着网络化效应，进而促进对外贸易的大幅度提升。此外，世界自贸区联合会的成立，标志着辐射全球自由贸易区网络开始形成，将促进自由贸易区之间的深度合作，充分挖掘各国自由贸易区的网络协同效应，推动全球经济朝平衡协调的方向发展。

（三）政府网络层面——形成时空集团群策群力的国家网络规则

新时代下，政府网络平台在开放型世界经济网络建设中能够发挥更为鲜明的网络效应。以政府为中介平台的牵头人，通过与其他相关官方、半官方及非官方（如商会及社会团体等）组织的合作，为企业构建互惠互利、合作共享的网络化战略平台。通过中介网络效应的发挥，引导企业战略决策的制定，为企业提供商贸、金融、投资与基建等方面的服务。通过与社会网络联结，在党政外交力量的帮助下，搭建世界政党高端对话平台。由政府网络中介平台、社会网络与全球政党对话平台之间共同发挥作用，以政府为中坚力量，通过优化政策体系和提高政策质量来为开放型网络经济平台提供支持；通过建立国际贸易单一窗口，为国内金融市场的发展打造更加宽松的环境，进一步吸引外来银行等金融机构入驻，大力扶持和鼓励不同金融创新活动如网络金融发展，提高金融机构对于新型金融产品的开发能力；通过促进生产要素、生产资料在市场上自由流通与优化配置，以信息流带动技术、资金和人才的流动，进而构建生产、服务网络平台。政府搭建网络中介平台，为平台提供搭台、撑台、护台及后台服务，但并不实际参与平台的运作，由此，政府可以集中精力和资源实现政府的掌舵和服务职能，协调市场与政府的关系，为新时代下开放型世界经济网络平台的搭建保驾护航。

目前来看，香港贸易发展局是搭建政府网络的一个成功案例。为了创造更多的贸易机会，香港政府官方设立香港贸易发展局，同时建立贸发网来为企业打造自由顺畅的商贸交流平台，以此来吸引外资企业入港营商。香港贸易发展局是主要负责发展和拓展香港对外商贸的专门法定机构，并在全球经济贸易发达的国家和地区设立专门办事处，负责与当地国家和地区的贸易往来及收集该国家或地区的市场信息。香港贸易发展局不仅对外具有重要价值作用，对内也有贸易价值的体现，比如为港企贸易设立了“三合一”服务推广平台，为香港的出口企业获取更多更有效的商贸信息数据，打开了港企对外商贸发展的空间。香港贸易发展局对海外贸易信息的提供和贸易网络的搭建是香港发展转口贸易的重要基础保障，不断为香港带来高额的价值财富。

（四）商贸、区域和政府网络——形成相互联结、“三位一体”的全球性网络规则

对于跨国企业商贸网络、区域网络和政府网络三个层面的构建，最终将使企业、区域和政府三者有机融合、相互促进，形成一张错综复杂的全球性网络。其中，政府处于这张网络的中心，能够推动各种生产要素、资源以最迅速的方式向各个节点流动，为企业提供商贸、金融、投资与基建等各个方面的服务，为对外贸易与投资商贸平台提供有力的政策支持；各个城市、地区则成

为这张网络的经线，是整个全球性网络的骨架和支撑，能够促进多极贸易投资的便利化及产业体系的协同发展；跨国企业则是这张网络的纬线，通过经济带、贸易区、贸易港等的辐射连接，形成生产、投融资、销售、服务网络，并且还可以对周边地区的经济发展起带动作用，最终形成多元平衡、协同高效的全面开放体系。由此形成的网络结构具有很强的稳定性和抵抗力，能够减少各种外部政治、经济等因素的冲击。全球性网络形成后，商贸网络、区域网络和政府网络紧密相连、相辅相成、相得益彰，表现为企业形成产业，产业布局区域，区域促进企业形成产业，政府则搭建平台，加快区域网络的构建与完善，并且引导企业形成内外部网络。

五、结语与展望

本文基于对新时代世界开放型经济格局特征的把握，特别是对党的十九大精神与经济网络化内在关联的认识，从商贸、区域和政府网络三个维度，提出了以构建新时代开放型经济网络推动形成全面开放新格局的逻辑思路、框架体系与发展路径。然而，如何通过商贸网络、区域网络和政府网络三个层面，来充分发挥共享、平衡与可持续发展的网络化平台作用，推动全面开放新格局的形成仍需要进一步探讨。全方位、立体化、网络状的开放系统理论还有许多发展或突破的空间，主要体现在以下五个方面。

其一，在已有国外开放型经济理论的基础上，基于新时代世界经济的复杂性和联系紧密性，须纳入网络理论构建新的开放经济理论体系。目前关于世界开放型经济的研究，特别是基于新时代中国特色社会主义的开放经济发展思想研究，还处于起步和探索的阶段。特别是目前中国开放型经济发展走向了全面深化阶段，中国须进一步融入世界经济。因此，构建新时代中国特色社会主义开放经济发展的理论体系，既要基于过去历史经验，又要结合新时代发展的基本特征。为应对复杂多变的国内外经济形势和满足中国特色社会主义开放经济理论体系的构建要求，既要致力于解决留存已久的阻碍现阶段经济发展的矛盾，也要应对全球新背景、新形势下产生的新难题。

其二，关于全球贸易与投资网络化趋势的整体构建思路，有待于进一步研究和拓展。我国开放型经济的发展，必须以网络形成的机制机理为起点，去梳理由效率到公平、由均衡到平衡发展的内在逻辑。西方传统主流经济对开放型经济研究的范式，过多强调基于先天比较优势选择或后天专业化分工的经济均衡，都是通过市场自由调节而最终达到均衡的过程。而这个均衡的过程，没有考虑经济结构的平衡；均衡实现的结果，没有体现公平、共享和协调可持续发展。网络理论整体上的协调性和内部结构的平衡性，不断延伸为新时代中国特色社会主义现代经济新体系发展的重点理论。从网络结构角度逐步延伸对中国对外开放发展问题的探索，将带来非常可贵的启示和经验，对于建设新时代中国特色社会主义开放型经济新体系是一种重要的创新思路。

其三，党的十九大以来所构建的现代经济新体系，其解决发展不平衡、不充分的思路与路径，本质上是强调构建新型的交易方式，加快要素资源的充分流动。而要素资源流动与更高效地进行资源配置，需要的是区域之间资源与要素更充分的流动。世界城市研究的趋势，是从只研究金字塔顶端的世界城市转向研究中下层的世界城市。这就要求开放经济理论不能再以静止、孤立的视角进行研究，而应当采取动态且相互联系的网络思维。区域网络研究方向的转移也引发基础理论由中心地方理论向中心流动理论转移，中心流动理论聚焦研究流动空间，区域空间关系因流动空间而得到重新整合，从而形成区域流动的空间网络，强化了对城市的连接性与关系论研究，强调了区域与城市间的水平联系和合作关系。对于我国区域的平衡性发展来讲，城市群之间的全局动态演化识别是值得关注的领域，特别是利用大数据技术手段掌握城市网络中个体的全局、长期、动态演变，捕捉城市之间从不平衡状态走向平衡状态的过程，能够以互惠协作强化城市间资源要素流动的效率和质量，进而打破我国城市间集聚、不平衡结构的锁定状态，并形成相对分散的平衡发展趋势，最终实现开放包容、互利互惠的人类命运共同体。

其四，已有对开放型经济平台主体的认识，由只考虑原来经济体制中的主体（如中间商企业与个人），逐渐转变为同时考虑政府的中介平台作用。在对外经济网络中，由政府及衍生而来的各种官方或非官方平台为对外的生产、贸易和投资等提供了便利性网络信息交换平台，同样发挥着政府网络的作用。但现有研究多以现象描述和解释为主，并未将政府中介平台的作用纳入网络中进行研究。政府网络不仅连接了两国，也连接了周边国家的各个领域，减少了网络中各主体交流的信息成本，提高了资源配置效率，对网络中各国打造人类命运共同体具有深远的互惠影响。目前，各级政府在深入推进对外开放体制机制改革方面还未能形成整体、系统的衔接与协同，具体体现在各政府部门之间、部门内部不同职能之间及政府与非官方组织之间建立的紧密联系网络尚未成熟。体制机制内外的联通程度，不仅影响着政府之间和政府与非官方组织之间服务型平台网络化效应的发挥，还能够形成对中国特色社会主义开放经济理论体系建立的基础性支持。

其五，未来进一步研究中，应将复杂网络分析法应用到世界开放经济研究中，进而弥补当前开放经济研究方法的不足，为如何实现世界经济的平衡提供途径。社会网络分析法在当前开放型世界经济体系中已经是主流研究方法。早期的应用主要关注静态网络结构，研究思路是理论的假设验证，与各领域基础理论的结合不够。静态结构分析可以描述问题，但无法面对网络的演化。社会网络分析法在样本容量约束的情形下，若对开放型世界经济进行描述和测度，则容易陷入局部的短周期分析中。虽然侧重于世界多维度（如商贸、区域、政府作为节点维度）不平衡性的结构问题，但从整体性静态网络结构的描述来看，其内在节点之间的动态性长期互动过程，是需要进一步捕捉并进行加强的研究方向。随着应用技术深入发展，社会网络分析的应用逐渐关注网络的动态演化特性。网络节点状态的变化，势必导致网络关系的演变，国际贸易网络、区域经济网络和政府经济网络本身即是一个复杂网络，复杂网络的核心特点在于网络节点庞大，关系复杂多变，演化是其主要特性。因此，当前的研究正逐渐向基于复杂网络的社会网络分析方法转变。总体上看，复杂网络分析法是利用大数据对网络结构中个体的全局、长期、动态分析，其关注的重点在于从不平衡状态走向平衡稳定的过程，并且这种过程是动态演化的。同时，复杂网络的理论与模拟也证明了在加入互惠协作因素并经历长期的演化过程之后，相对集聚的结构不平衡状态将会变得更加脆弱，进而形成比较分散的平衡性发展趋势。

参考文献

[1] 习近平. 决胜全面建成小康社会夺取新时代中国特色社会主义伟大胜利 [N]. 人民日报，2017－10－28 (1).

[2] 侯远长. 党的十九大报告的十大思想亮点 [J]. 学习论坛，2018，34 (1)：5－7.

[3] 李东泉，刘东颖，沈洁莹. 府际关系中的社会网络分析 [N]. 中国社会科学报，2015－07－10 (4).

[4] 路旭，马学广，李贵才. 基于国际高级生产者服务业布局的珠三角城市网络空间格局研究 [J]. 经济地理，2012，32 (4)：50－54.

[5] 倪月菊. 习近平"经济全球化再平衡"思想探析 [J]. 沈阳干部学刊，2017，19 (5)：5－6.

[6] 孙军，高彦彦. 网络效应下的平台竞争及其后果分析 [J]. 管理世界，2016 (5)：182－183.

[7] 王方方. 平台优势整合与我国对外贸易投资一体化政策安排 [J]. 经济问题探索，2016 (10)：155－159，190.

[8] 薛求知，侯仕军. 跨国公司子公司创业创新精神分析：内部化和网络化视角下的考察 [J]. 当代财经，2005 (9)：58－63.

[9] 姚枝仲. 2017—2018 年世界经济形势分析与展望 [J]. 中国远洋海运，2018 (1)：22－25.

[10] 于海峰，王方方. 建设新时代中国特色社会主义开放经济理论体系 [J]. 东岳论丛，2018，39 (5)：38－47.

[11] Acemoglu D, Ozdaglar A, Tahbaz-Salehi A. Systemic risk and stability in financial networks [J]. American economic review, 2015 (2): 564－608.

[12] Castells M. The rise of the network society [J]. Cities, 1996, 48 (2): 132－134.

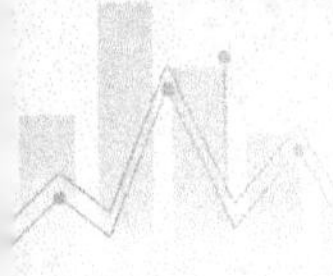

[13] Duncan D，Scott W R，Lieberson S，et al. Metropolis and Region [M]. London：AMS Press Inc，1960.

[14] Exel J V，Rienstra S，Gommers M，et al. EU involvement in TEN development：network effects and European value added [J]. Transport policy，2002，9（4）：299－311.

[15] Friedman J. The World City Hypothesis [J]. Development and change，1986，17（1）：69－83.

[16] Friedmann J，Wolff G. World city formation：an agenda for research and action [J]. Interactional journal of urban and regional research，1982（3）：309－344.

[17] Garlaschelli D，Loffredo M I. Structure and evolution of the world trade network [J]. Physica A：statistical mechanics and its applications，2005（1）：138－144.

[18] Liebowitz S J，Margolis S E. Network externality：an uncommon tragedy [J]. Journal of economic perspectives，1994（2）：133－150.

[19] Pain K，Hamme G V，Vinciguerra S，et al. Global networks，cities and economic performance：observations from an analysis of cities in Europe and the USA [J]. Urban studies，2016，53（6）：1137－1161.

[20] Sassen S. The global city：new York，London，Tokyo [M]. Princeton：Princeton University Press，1991.

[21] Snyder D，Kick E L. Structural position in the world system and economic growth，1955—1970：A multiple-network analysis of transnational interactions [J]. American journal of sociology，1979，84（5）：1096－1126.

[22] Sun Y，Cao C. The evolving relations between government agencies of innovation policymaking in emerging economies：a policy network approach and its application to the Chinese case [J]. Research policy，2018，47（3）：592－605.

第三篇

资源生成：数字时代的经济增长新引擎

将数据资源纳入资源生成理论的思考

王方方

摘　要　中观经济学创造性地提出资源生成理论。在资源生成理论中，资源分类十分重要，数据资源作为新生的资源类型，如何分类是构建数据资源利用结构的首要问题。本文认为，数据资源的经营具有动态性、生产性、高风险性等特点，符合生成性资源的基本特征，应划分为生成性资源的范畴。

关键词　数据资源；生成性资源；次生性资源

中观经济学将资源划分为三种类型，即可经营性资源、非经营性资源及准经营性资源（表1）。

表1　经济建设的三类资源

类型	特点
可经营性资源	与产业发展相对应
非经营性资源	与社会民生相对应
准经营性资源	与城市建设相对应

（资料来源：笔者根据相关文献整理。）

可经营性资源是以各国区域经济中的产业资源为主，由于各国各区域自然条件及先天禀赋的不同，所以不同区域会根据自身自然禀赋条件选择某一产业作为区域经济发展的主要发展方向。非经营性资源是与社会民生相关的资源，是以区域内保障社会民生的各类公益产品、公共物品为主，用以满足区域内各方面的社会需求。准经营性资源是伴随着社会经济发展和时代的进步，一些原有的非经营性资源或公共物品具备一定程度上转变为可经营性资源的潜质，从而兼备公共物品与私人产品的特征，这类资源称为准经营性资源或准公共物品。该类资源均只具有不充分的非竞争性和不充分的非排他性，其转变程度是由不同区域的市场经济发展程度、政府财政收支状况和社会民众的认知程度决定的。

资源生成，抑或是生成性资源，不是计划设定的产物，而是原已存在或随着时代进程客观需要存在，是由静态进入动态、由非生产性进入生产性，并在其中形成经济效应的产物。“稀缺法则”是经济学研究的起点，中观经济学也不例外，但中观经济学并不仅是在“资源稀缺”的假定下搭建理论框架，而是特指区域政府所掌握的“稀缺资源”如何创造性地在政府投资下形成一种新型的可供市场配置的资源。因此，准经营性资源的转化即为资源生成。

自从20世纪70年代的互联网技术和电脑产业飞速进步以来，人类社会已然迈入了信息时代的新纪元，数字技术的快速发展和广泛应用衍生出了数字经济。数字经济作为一种新的经济、新的动能、新的业态，毫无疑问将会引发社会和经济的深刻变革。作为数字经济核心要素的数据资源，蕴含着巨大的经济潜力，势必将成为赋能社会发展的重要力量。

在资源生成理论中，资源分类十分重要，数据资源作为新生的资源类型，如何分类是构建数据资源利用结构的首要问题。应当认识到的是，数据资源实际上不属于自然资源类型。作为伴随数字技术发展而诞生的全新资源，它的出现无疑是数字信息时代的附属产物。同时，数据资源目前还不能够如同土地、矿产、河流一般塑造某一区域经济发展的具体形态。因此，将数据资源划入可经营性资源并不妥当。而数据资源的诞生过程与准经营性资源的定义如出一辙，伴随着数字技术和信息时代的发展，数据资源具备一定程度上转变为可经营性资源的潜质，成为数字经济发展的关键支柱。

中观经济学将准经营性资源（生成性资源）划分为三个层面，即原生性资源、次生性资源及逆生性资源（表2）。

表2　生成性资源的三个层面

类型	例子
原生性资源	太空资源、深海资源、极地资源等
次生性资源	城市基础设施投资建设等
逆生性资源	二氧化碳等气体排放

（资料来源：笔者根据相关文献整理。）

既然将数据资源划分为准经营性资源，那么在准经营性资源中，数据资源又是何种角色呢？笔者认为，在准经营性资源中，数据资源属于次生性资源的一种。在中观经济学的研究框架中，次生性资源是指城市经济中基础设施的投资、建设与开发。此类资源，原有经济学理论称其为公共产品，由政府来提供。但在现实的经济发展中，它不断地由国内外投资者共同参与，由此转化成被市场接受并可经营的物品。我们把它称为资源生成领域中的次生性资源。数据资源源自日常生产生活中的方方面面，虽然并不都由政府提供，但自数据资源产生之后便进入了公共产品的行列，因为在大数据条件下才能发挥数据资源的最大价值。同时，越来越多的企业开始重视数据资源的重要性，使得数据资源成为投资者热衷的投资目标，促进数据成为一种被广泛认可的可经营物品。

数据资源的特点也十分明显。首先，数据资源具有动态性。数据在日常生产生活中不断生成，大到国家统计的各类经济数据，小到个人日常的需求数据，整个社会的数据都处于一种不断产生、不断被储存的状态。其次，数据资源具有生产性。数据资源作为现如今大数据技术的基础，不断衍生出新的价值，从更加准确的天气预报到实时播报的道路信息，从更加人性化的购物体验到更加智能化的城市建设，数据资源所带来的价值不可否认。此外，数据资源的经营风险往往较高。面对以亿万计的数据，如何获取、筛选、处理这些数据资源成为提高其使用效率的当务之急。只有充分整合日常的数据，建立有效的数据获取筛选机制，才能有效利用数据资源。这势必要求巨大的投入和长期的建设，带来的也必然是较高的经营风险。

正是由于数据资源具有经济性和生产性，还兼具动态性和高风险性，所以在带来较高收益的同时还面临着较大的风险。而这样的特征势必要求区域政府成为数据资源的第一投资人。在中观经济学的分析体系中，区域政府作为区域经济的重要参与者，其理想的类型应该是“有为政府”，要求政府在生成性资源领域或者准经营性资源领域有所作为。换言之，为了达到“有为政府”的标准，即使资源生成过程中存在很大的风险性，区域政府依旧应该担负起应有的责任，积极参与生成性资源的开发，才能在数字时代真正引领和促进经济发展。

数字时代的支付变革[①]

王方方

摘　要　随着数字货币的产生，货币支付逐渐走向数字化，同时货币发行和银行管理也面临着诸多变革。数字时代的支付变革会产生新的信用风险、违规风险及泄露风险。新的风险防范需要从支付账户信用体系、支付体系风险管理、支付信息源头治理等方面入手。推动人民币数字化改革具有重要现实意义，能够赋能新时期中国数字经济发展。

关键词　数字货币；数字化支付；数字人民币

一、数字时代货币的支付特征与变革

（一）数字时代货币的支付特征

在人类的经济活动中，货币是最为重要的交易媒介。在货币演变的数千年历史中，人类所认知的货币一直是由特定国家机构所发行的具有实体状态的经济物质。然而，自 2009 年比特币的

---

① 原载于《群言》2022 年第 4 期。

横空出世，人类对于货币又有了全新的认知，数字货币的发展得到了全球越来越多国家的关注。

数字货币背后反映的是支付数字化现象。现有研究表明，支付数字化能够推动其相关业务产品形态不断变革，促使支付链条不断延展和支付参与主体不断增多。相较于传统支付方式，数字化支付具有以下鲜明的特征。

其一，数字化支付意味着市场流通的货币大多以电子形式存在。数字时代的货币更多时候是通过数字计算机系统进行交易、存储及管理。因此，数字时代的货币获取和支付主要依托于手机和电脑进行。

其二，数字化支付意味着货币的流通往往不需要中介机构。与实体支付形式不同，数字化支付能够在时间和空间上实现点对点的直接对接，属于成本最低的货币支付形式。因此，数字时代支付变革的最大优点在于整个经济社会交易费用的降低，有利于实现最大便利化价值的转移。

其三，数字化支付意味着货币支付安全被赋予全新的内涵。一方面，数字货币的价值往往容易发生剧烈波动；另一方面，数字化支付也可能会遭遇黑客攻击。因此，数字时代需要更新和配套相应的协调机制和监管机构，以保障数字时代货币支付安全。

（二）数字时代货币的支付变革

现阶段，在迈向第二个百年奋斗目标的过程中，我国正致力于大力发展数字经济，着力推动大数据、云计算、区块链、物联网、人工智能、移动互联网与数字支付业务深度融合。数字时代的支付变革，推动着支付场景不断从广度向深度延伸，逐渐重塑市场主体的交易行为和习惯。数字化技术将引领支付产业向虚拟化、智能化及场景化方向创新发展，成为新时期谋划中国经济发展新蓝图的关键抓手。

从2014年至2019年，央行为推出数字人民币先后进行了研究论证、系统开发等工作，2020年开始在一些城市开展了发行试点工作。2021年，随着数字人民币的试点越来越多，功能逐步完善，其推广速度加快，预计在不久的将来，会正式投入使用。

而数字人民币的使用，将会给我国经济社会带来诸多变革。首先，数字化的央行货币有望打破传统商业银行的账户紧耦模式，解决金融服务暂未覆盖但民众对现金存在大量需求的地方问题。其次，数字货币推出后，央行发行货币只需在系统上新增一些格式化的数据。这将减少央行的现金管理成本，提高经济社会运转效率。此外，数字人民币推出后，现金就具有了完全消失的条件。理论上说，数字支付体系包括数字货币、数字账户两层。数字账户方面即电子支付，已经很成熟，若数字货币也发展成熟，现金将有可能退出历史舞台。而如果现金完全消失，那么央行的支付系统就是没有漏洞的，每一笔货币的支付、交易信息，央行都将掌握，那时将形成超级央行。

二、 数字支付时代的风险形态与防范

（一）数字支付时代的风险形态

近年来，随着大数据、云计算、区块链、物联网、人工智能等新兴技术的快速发展，我国经济社会的各类支付业务正逐渐向移动支付和数字支付的方向转型。与此同时，伴随移动支付和数字支付的各种全新风险形态亦不断出现。

其一，由全球经济下行压力带来的信用风险。当前，全球经济依然深受新冠疫情的不利影响。疫情冲击着产业链、供应链的良性运转，导致企业经营情况不断恶化，经营风险逐渐抬升。一方面，企业经营风险导致企业资产质量呈现恶化趋势；另一方面，企业又将风险传递至从业者，弱化从业者的消费和信贷偿付能力。而移动支付和数字支付的便捷式体验，往往诱使经济支付主体产生支付冲动，导致已有支出超过实际支付能力，进而引发信用风险。

其二，由市场环境复杂变化带来的违规风险。数字化技术应用在推动各种新型支付形态快速兴起的同时，也致使市场交易环境日趋复杂。数字时代的支付业务更易遭受精准攻击，利用新型支付技术进行套利、诈骗、洗钱、挪用资金等交易乱象也频繁发生。复杂变化的市场环境促使各类违规风险多环节传导、跨机构蔓延。

其三，由信息系统安全隐患带来的泄露风险。随着我国数字产业的快速发展，伴随新型支付技术而形成的黑灰色产业链条开始萌芽，包括非法买卖个人支付信息、提供电信短信诈骗服务、搭建支付钓鱼网站等。然而，新型支付链条上各参与主体的信息安全管理水平良莠不齐，部分支付信息系统存在技术短板，加之网络攻击与信息窃取手法快速翻新，致使数字支付面临信息泄露风险。

（二）数字支付时代的风险防范

数字化支付所带来的新技术、新场景及新业务，将给经济社会发展带来巨大的挑战和不确定性。因此，在建设数字支付系统工程的同时，应进行相应的风险防范配套布局。

其一，构建多层次支付账户信用体系。基于经济下行压力所可能带来的信用风险，未来可推动支付账户体系的多元化。具体来说，可根据个人支付能力，将个人支付账户划分为不同类别，明确各类个人支付账户的开立、使用、变更、撤销以及账户信息验证机制的相关细则，以加强从账户开立到交易环节的风险监测。

其二，调整数字支付体系下风险管理。基于数字支付所带来的复杂多变的市场环境，未来有必要对数字支付体系下的风险管理模式进行相应调整。具体来说，在推动支付数字化的同时，要着重厘清各类市场主体的角色分工，细化规范数字支付业务机构受益主体的身份识别，同时对大额数字支付和可疑数字支付设置规范有效的监测标准。

其三，强化支付信息的安全源头治理。基于现阶段数字支付模式可能存在的信息安全隐患，未来应强化敏感支付信息管理和安全防控，包括明确数字支付信息查询权限、防范支付机构变相从事转接清算业务、禁止移动金融客户端应用软件违规采集和留存消费者敏感信息等。

三、 人民币数字化支付的机遇与趋势

（一）人民币数字化支付的机遇

推进货币数字化是未来经济社会的发展趋势，其将成为衡量一国经济发展水平和现代化程度的重要标志。特别是在新冠疫情和世界百年变局双重问题叠加之下，以数字支付调节疫中经济运行、以数字经济驱动疫后经济发展，愈来愈成为全球主要国家的

谋划重点。当前，我国正迈向社会主义现代化建设新征程，推进人民币数字化改革无疑是新时期发展数字经济过程中的一项重要使命。

一方面，人民币数字化意味着我国居民的日常支付拥有极大的便利性，有利于为满足人民日益增长的美好生活需要提供基本技术保障；另一方面，在全球率先实现人民币数字化意味着人民币在国际化方面占得先机，有利于推进人民币成为国际金融贸易结算的重要支付手段。进一步地，人民币数字化进程的领先极有可能成为去美元化的关键性实践，为世界各国摆脱对美元的高度依赖提供一个全新的可靠选择。

推动人民币数字化改革，是加快推进数字经济建设的重要突破口。而从已有推广实践来看，当前具有国际示范意义的人民币数字化应用场景分别是中国国际进口博览会（简称“进博会”和冬季奥林匹克运动会（简称“冬奥会”）。

进博会和冬奥会均是十分重要的国际平台，二者为人民币数字化改革提供了高标准的试验和应用场景。而数字人民币在这两大平台的推广工作，必将产生巨大的国际影响力，有助于进一步推动人民币数字化和人民币国际化的进程。与此同时，数字人民币在进博会和冬奥会的全面推广能够对完善和提升会展服务水平、降低交易成本、提高服务效率等方面产生积极的正面效应，从而进一步提升数字人民币在国际上的知名度和品牌度。

数字人民币在进博会和冬奥会的全面推广有望带动我国数字人民币迎来一波新的发展浪潮，有助于形成良好的数字人民币生态体系，数字人民币用户将进一步丰富，普及推广的速度将进一步加快。通过进博会和冬奥会的数字人民币试点，将有力推动我国金融科技的发展，带动各个产业加快数字化转型和发展，同时也在扩大数字人民币普及推广的过程中，为数字要素市场的完善和健康发展营造一个天然的试验场。

（二）人民币数字化支付的趋势

从目前数字人民币试点一年来的工作进展看，我国数字人民币试点测试范围有序扩大，累计交易金额和交易数量爆发式增加，开设的个人钱包和支持交易的商家数明显增加，交易应用场景的领域不断扩展。同时，数字人民币钱包的技术支持也在不断成熟，正陆续嵌入招商银行、微众银行等各类金融机构中。

由于数字人民币高效、安全和成本低的特点，其推广将大大改善商品和服务市场的交易效率，降低买卖双方的交易成本。此外，相对于传统电子支付工具，数字人民币的使用范围会更广泛、更灵活，不受传统支付工具的账户约束，能够满足居民货币的灵活性需求。

数字人民币的普及，可能对支付方式的现有格局产生改变，不仅现金支付方式进一步趋于萎缩甚至消失，现有微信和支付宝电子支付方式的垄断格局也会被进一步打破，有利于保障消费者的权益。

而对于与人民币数字化改革最为密切相关的我国银行业来讲，一方面，人民币数字化进程的加快能够有效提升我国银行的国际影响力，吸引更多国家及地区的政府、企业和居民等加大与我国银行的业务合作，有利于我国银行代表中国在国际上的品牌传播；另一方面，我国银行的数字化转型步伐也会因此大大加快，将有利于提升我国银行金融产品创新能力、人力资本质量和基础设施建设水平等。

"东数西算"：布局国内一体化算力网络，助推区域经济高质量发展[①]

王方方

摘　要　"东数西算"工程旨在将东部算力需求有序引导到西部，优化数据中心建设布局，促进东西部协同联动。该工程有利于优化算力资源配置，打造全国一体化算力网络；提升国家整体算力水平，激发数字要素创新活力；扩大有效投资，促进地方经济发展；契合"双碳"目标，助力绿色经济发展；缩小数字鸿沟，促进区域协调发展。

关键词　东数西算；算力网络；区域经济

以人工智能、物联网、5G、大数据等新一代信息技术为代表的数字经济不断推动生产方式、生活方式和治理方式发生深刻变革，现已成为经济增长的新动能。随着我国数字经济的快速发展，区域的数字化差异和算力不足等问题也逐渐凸显。在此背景下，2022 年 2 月，国家发展改革委等部门联合印发通知，同意在京津冀、长三角、粤港澳大湾区、成渝、内蒙古、贵州、甘肃、宁夏 8 地启动建设国家算力枢纽节点，并规划了 10 个国家

① 原载于《科技与金融》2022 年第 7 期。

数据中心集群。这标志着“东数西算”工程正式全面启动。实施“东数西算”工程，有利于优化资源配置，提升国家整体算力水平，扩大有效投资，促进绿色发展，推动区域协调发展，战略意义十分重大。

一、优化算力资源配置，打造全国一体化算力网络

“东数西算”中的“数”指数据，是数字经济中的关键生产要素。“算”指算力，即对数据的处理能力。如同农业时代的水利和工业时代的电力，算力是数字时代的核心生产力。“东数西算”工程，即指通过构建数据中心、云计算、大数据一体化的新型算力网络体系，将东部算力需求有序引导到西部，优化数据中心建设布局，促进东西部协同联动。

与“南水北调”“西电东送”和“西气东输”等工程异曲同工，“东数西算”是一个国家级算力资源跨域调配战略工程，旨在解决我国东西部存在的算力资源错配问题。我国数据中心大多分布在东部地区，数据中心能耗较高，对于电力、水资源的消耗大，东部地区虽然经济发达，但在能源、水、土地等方面的供给上压力不断增加，且人工费用相对较高，进一步建设发展数据中心难以为继。相比之下，西部地区水、电等各种资源极其丰富，成本较低，且土地广阔，完全具备承接东部地区算力需求、发展数据中心的能力，与东部地区形成了极强的互补性。

“东数西算”工程，通过建设国家算力枢纽节点，统筹规划数据中心建设布局，引导大规模数据中心适度集聚，形成数据中心集群。围绕集群，调整优化网络结构，加强水、电、能耗指标等方面的配套保障。在集群和集群之间，建立高速数据中心直联

网络，支撑大规模算力调度，构建形成以数据流为导向的全国一体化的算力网络格局。

二、提升国家整体算力水平，激发数字要素创新活力

“东数西算”通过全国一体化的数据中心布局建设，扩大算力设施规模，提高算力使用效率，实现全国算力规模化集约化发展，提升整体算力水平，为激发数字要素创新活力、促进数字经济进一步发展夯实底座。

算力枢纽节点由东向西梯次布局、统筹发展。对于京津冀、长三角、粤港澳大湾区、成渝等用户规模较大和应用需求强烈的中东部节点，重点统筹好城市内部和周边区域的数据中心布局，实现大规模算力部署与土地、水、电等资源的协调可持续，优化数据中心供给结构，扩展算力增长空间，满足重大区域发展战略实施需要。对于贵州、内蒙古、甘肃、宁夏等可再生能源丰富、气候适宜、数据中心绿色发展潜力较大的西部节点，重点提升算力服务品质和利用效率，充分发挥资源优势，夯实网络等基础保障，积极承接全国范围的后台加工、离线分析、存储备份等非实时算力需求，打造面向全国的非实时性算力保障基地。

数据作为数字时代的关键生产要素已上升为国家战略资源。数据中心已成为支撑各行业“上云用数赋智”的重要新型基础设施。通过优化数字基础设施和应用的空间布局，有助于形成数据自由流通、按需配置、有效共享的全国性要素市场，激发数字要素的创新活力，为数字经济发展赋能。

三、扩大有效投资，促进地方经济发展

“东数西算”将有力带动产业链上下游投资，给各类市场主体带来利好，从而促进地方经济发展。

从产业链角度看，数据中心产业链条长、投资规模大、带动效应强。数据中心产业链既包括传统的土建工程，还涉及IT设备制造、信息通信、基础软件、绿色能源供给等产业，将有力带动产业上下游投资。据相关测算，“东数西算”工程每年投资体量会达到几千亿元，产业拉动效应达八倍。通过算力枢纽和数据中心集群建设，将扩大上下游产业链的有效投资，助力经济实现稳增长。

从企业角度看，加快推动算力中心建设，直接受益的是各类市场主体，特别是给提供算力的企业和使用算力的企业带来利好。当前，随着数字技术向经济社会各领域全面持续渗透，全社会对算力需求仍十分迫切，预计每年仍将以20%以上的速度快速增长。算力的进一步提升优化，将有助于降低上云用数成本，加快工业互联网、远程医疗、虚拟现实、人工智能等新技术的应用和落地，这无疑给企业创新发展、加快数字化转型提供了更为坚实的基础。

四、契合“双碳”目标，助力绿色经济发展

“东数西算”是促进绿色节能，助力实现碳达峰、碳中和目标的重要手段。

数据中心作为算力基础设施，电力消耗巨大，被称作“不

冒烟的工厂”。我国各类数据中心大约有500万机架，2020年我国数据中心耗电量超过了2000亿千瓦时，至2025年这个数字可能还会翻倍。但目前数据中心的“绿电”使用率只有20%，“双碳”目标下，实现高效、清洁、循环的绿色发展至关重要。

目前东部算力需求旺盛，但东部地区在气候、资源、环境等方面不利于低碳、绿色数据中心的建设。通过算力基础设施向西部迁移，充分利用西部地区自然条件，大幅提升绿色能源使用比例，推动数据中心绿色发展。国家选取的10个数据中心集群所在地都拥有着巨大的气候和能源优势，比如：张家口以风电资源丰富著称，风电装机容量排名全国第二，凉爽的气候有利于数据中心散热；贵阳市贵安新区拥有充足的水电资源及大量恒温的山洞，是兴建绿色数据中心的好地方，目前已成为全球聚集超大型数据中心最多的地区之一。

五、缩小数字鸿沟，促进区域协调发展

“东数西算”工程能产生产业协同效应和技术溢出效应，有利于弥合东西部数字鸿沟，促进区域协调发展，加快推进共同富裕。

首先，“东数西算”能够发挥算力产业的协同效应，从而扩展东西部产业合作。对于西部地区而言，“东数西算”不仅能够在当地带动产业上下游投资，还能够借助东西部一体化的数据生态构建东西部一体化的产业生态，从而破除产业发展的地理约束，实现产业布局分散化和去中心化；开拓东西部产业转移的数字通道，重构东西部区域发展的经济格局，有助于发挥区域经济增长的协同效应，推进西部地区产业转型升级和经济高质量发展。

其次，“东数西算”能够释放数字技术的溢出效应，推进东西部发展机会均等化。“东数西算”在长期能够发挥稳定增长、扩大就业、改善民生的综合效益；在经济领域能够衍生新产业、新业态、新模式，有助于西部地区创造新的经济增长点；在政务管理领域能够提升政府治理水平、优化营商环境，为西部地区创造繁荣有序的创新创业环境；在民生领域能够有效支撑西部地区公共服务、社会保障等工作，提升社会服务数字化普惠水平。

在数字经济的浪潮之下，“东数西算”工程只是数字化建设全国布局的开始，面向未来，要充分发挥我国体制机制优势，推进这一重大工程目标任务落到实处，为我国数字经济做强做优做大、经济社会高质量发展注入不竭动能。

集聚与创新：从人才流动体察全国统一大市场建设①

李宜达　王方方

摘　要　推动要素自由流动并实现高效集聚是加快建设全国统一大市场的战略要领。而要素集聚，特别是人才集聚有助于激发区域发展的规模效应，从而构筑起区域创新能力建设的关键支撑。实证结果表明，人才集聚显著提升了区域创新能力，说明集聚能够通过增强区域发展能力推动经济高质量发展。进一步研究发现，人才集聚能够在一定程度上弥补区域生活成本提高所带来的区域创新激励被抑制的问题，并且集聚对创新的促进作用在经济发达地区更加明显。该研究的政策含义是，破除体制机制障碍以推动人才等要素跨区域自由流动，对于建立全国统一大市场进而提升经济社会的总体运行效率具有重大意义。

关键词　人才集聚；区域创新能力；跨区域流动；全国统一大市场

① 原载于《经济论坛》2023 年第 2 期。

一、引言

改革开放以来，区域之间的相互竞争在推动中国经济快速增长的同时，也不断影响着区域资源与人口的空间布局。而人口的跨区域流动则改变了区域发展的比较优势和区域竞争的基本格局。研究表明，人口跨区域自由流动有利于促进区域收入的提高和就业机会的增加（陆铭等，2019）。伴随着人口的跨区域流动，人口在某些区域集聚是自然而然的经济现象。传统思维认为，人口过度集聚是造成我国区域经济发展不平衡问题的主要因素，不利于我国经济社会的总体运行效率，并由此提出了人口调控的观点（刘厚莲，2018；童玉芬，2018；王智勇，2019）。然而，现有研究发现，当前我国区域人口集聚规模实际上低于美国、英国、日本等世界主要发达国家的平均水平（陆铭等，2019；陆铭，2020），同时也并未达到区域发展的最优规模，即并不存在人口过度集聚的问题（陆铭等，2019）。人口适度集聚实际上有利于降低区域市场交易费用，扩大区域市场规模，从而促进区域专业化分工和产业结构优化（王垚等，2017；颜色等，2022）。而人口规模细碎化反而会对区域经济发展产生抑制作用（高琳、高伟华，2018）。

现阶段中国经济定调高质量发展，经济建设从过往注重“人口红利”逐渐转向强调“人才红利”。人才集聚作为人口集聚的重要表现形式，对于新时代中国区域经济建设发挥着日益重要的作用。首先，人才集聚对于区域经济具有长期拉动作用（史梦昱、沈坤荣，2021）；其次，人才集聚有利于推动区域经济的高质量发展（苗峻玮、冯华，2021）；最后，人才集聚还能够有效促进区域全要素生产率的增长（郭金花等，2021）。有关人才集聚与区域发展之间关系的研究主要集中在人才集聚对于区域经济的影响方面，也有少量文献开始关注人才集聚与区域生产效率之间的关系，而对人才集聚与区域发展能力特别是区域创新能力之间的关系考察则鲜有涉及。区域创新能力是区域竞争优势的重要来源，对于推动区域发展动能转换进而实现区域经济高质量发展具有重大意义。现有文献对于区域创新能力的影响因素分析，大多从金融供给和财政扶持等宏观因素（雷淑珍等，2021；王书华、姚璐，2022）、产业结构和制度环境等中观因素（宋跃刚、杜江，2015；卓乘风、邓峰，2018）及高等教育和企业竞争等微观因素（石大千等，2020；王晓红、李娜，2021）展开分析。虽然近年来也有文献开始关注人口因素（特别是人口规模）对于区域创新能力的影响，但却较少关注人才流动对于区域创新能力的重要作用。

在已有文献的基础上，笔者尝试从人才空间分布的视角对区域创新能力进行考察，以加深对区域创新能力建设的理解，同时进一步阐释人口自由流动（特别是人才跨区域流动）对于建立全国统一大市场进而实现整体经济运行效率提升的重要意义。本文的结构如下：第二部分基于我国人口流动事实和学界观点，构建理论框架并提出研究假设；第三部分根据所需论证的研究假设，描述变量设置并阐明实证方法；第四部分按照设计的实证模型进行回归分析，并讨论估计结果；第五部分是异质性分析，考察人才集聚在不同区域的作用效果；第六部分是稳健性检验，确认实证分析结论的可靠性；第七部分总结本文结论，并指出估计结果背后所蕴含的政策启示。

二、理论框架与研究假设

（一）理论框架

按照区域经济发展规律，资源要素在市场客观作用下，往往会呈现从欠发达地区逐渐流出，并不断向发达地区集聚的现象。而人口的跨区域流动亦是如此。即使存在户籍制度阻碍和地区市场零碎分割问题，我国人口在市场力量作用下依然向经济发达的沿海地区和大城市不断集聚。表1将我国不同城市常住人口数与户籍人口数之差作为描述人口流动方向的指标（正值即为人口流入地，负值即为人口流出地），反映了我国中西部省份人口大量向京津冀、长三角、珠三角等经济发达地区流入的现象。

表1　2015年中国人口流入和流出前10位城市

人口流入城市	常住人口数－户籍人口数/万	人口流出城市	常住人口数－户籍人口数/万
上海市	972.30	周口市	−363.43
北京市	825.30	重庆市	−355.29
深圳市	782.88	信阳市	−257.96
东莞市	630.40	阜阳市	−252.55
天津市	520.05	毕节市	−243.59
广州市	495.92	驻马店市	−235.33
苏州市	394.59	商丘市	−233.70
佛山市	354.09	南阳市	−186.38

续表1

人口流入城市	常住人口数－户籍人口数/万	人口流出城市	常住人口数－户籍人口数/万
成都市	237.70	茂名市	－177.76
武汉市	231.50	遵义市	－174.14

（资料来源：陆铭、李鹏飞、钟辉勇：《发展与平衡的新时代——新中国70年的空间政治经济学》，载《管理世界》2019年第10期，第11－23页。）

人才作为经济社会发展的重要资源，在市场力量推动下，也会向优势区域不断集聚。在传统思维中，人口和人才向少数地区集聚的趋势往往会被视为区域发展失衡的诱因。然而，经济平衡发展更重要的是要实现人均意义上的收敛，在做大经济总量“蛋糕”的同时，分好人均“蛋糕”，而非以区域总量为评价视角追求“平均”分配。在人口和人才集聚的过程中，一方面中心区域作为人口流入地，其产业对劳动力等生产要素的需求得以满足，制造业和与之相配套的服务业能够实现充分发展；另一方面周边区域作为人口流出地，其土地等资源得以整合并投入规模化生产，进一步提高了资源利用效率。从人均产值上看，区域经济实则是在集聚中走向人均意义上的收敛（陆铭，2017）。而要建立全国统一大市场并进而充分发挥我国超大规模市场优势，关键在于顺应经济发展客观规律，科学把握人口和人才的流动趋势。具体思路见图1。

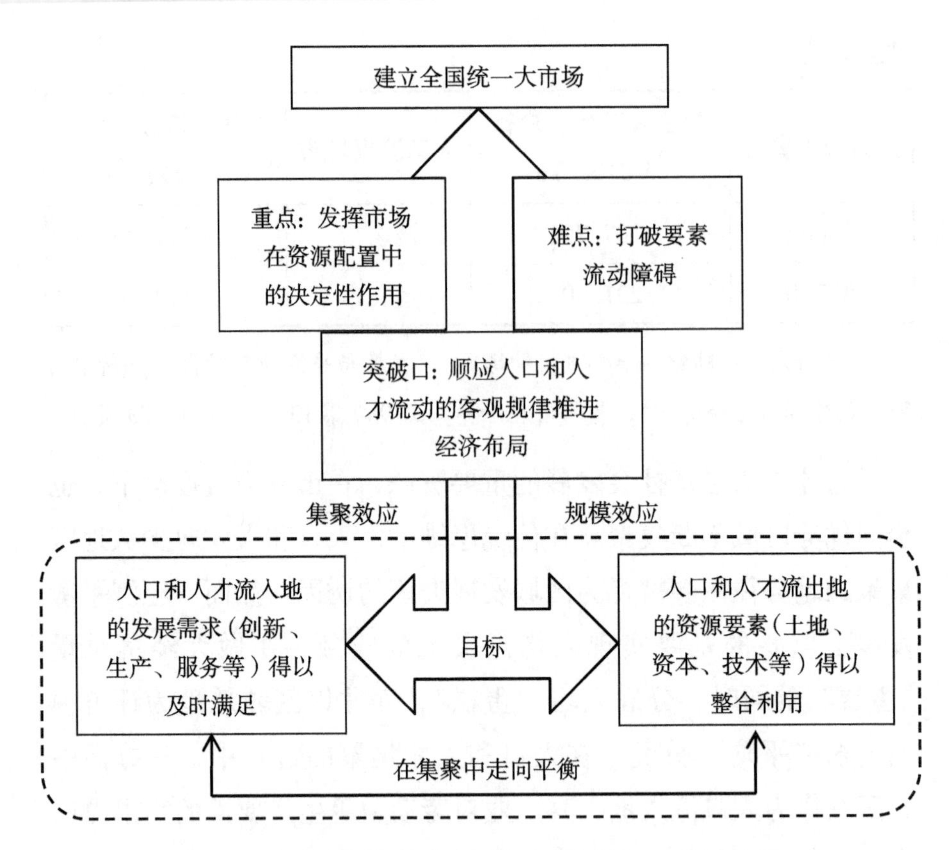

图1　以人口流动规律为参照系的全国统一大市场建设思路

（图片来源：笔者自制。）

人口和人才的流动方向，本质上反映的是不同区域的比较优势和发展诉求。对于区域经济建设来说，科技创新是推动当地产业转型升级、实现经济可持续发展的关键驱动力。而科技创新需要规模效应作为支撑，特别是对于区域创新来说，人才规模正变得日益重要。因此，在建设全国统一大市场的背景下，考察人才集聚对于区域创新能力的影响，既具有理论探讨价值，又具有现实参考意义。

（二）研究假设

科技创新是一项对资金、人才、环境等因素要求较高的长周期、高风险活动。科技创新行为的推进，往往需要保持一定的要素投入规模。研究表明，我国的科技创新主要依靠的是规模效应，规模效应的改善推动我国科技创新水平的不断提高（刘兰剑、滕颖，2020）。从空间结构视角来看，区域规模的扩张能够在促进资源集聚的过程中增强区域创新绩效，提升创新要素配置效率（王峤等，2021）。而人口集聚即人口规模增加是区域规模扩张的关键环节。人口集聚有助于提高集聚区域的创新能力，并在一定程度上强化多样化集聚对区域创新的促进作用（陈大峰等，2020）。而人才集聚作为人口集聚的重要表现形式，对区域创新能力也应发挥着明显的提升作用。鉴于此，本文提出了假设H1：在控制其他因素的情况下，区域的人才集聚程度越高，该区域的科技创新能力越强。

长期以来，外界普遍认为人口集聚必然导致人口流入地产生交通拥堵、环境污染及房价过高等区域生活成本抬升问题。然而，近几年经济学界通过实证发现，人口流入地面临的这些问题实际上和人口规模的关联并没有那么强（Anas，2014；郑怡林、陆铭，2018；陆铭等，2019）。例如，相关研究表明，当城市人口规模增加1倍时，生活成本只增加约9.52%，即由人口规模扩大所引致的生活成本增加的幅度实际上非常小（陆铭，2020）。因此，问题的关注点不应是控制人口流入、限制人口集聚，而是应放在这类问题对于区域发展的影响机制上。因此，有必要考察在纳入生活成本的考量下，人才集聚对于区域创新是否具有不同的影响效果。如果假说H1成立，那么在纳入区域生活成本的分析框架下，人才集聚对于区域创新能力的影响应该有所差异，而这种差异可能源于集聚的正面作用所能够对冲其负面影响的有效程度。鉴于此，本文提出了假设 H2：在控制其他因素的情况下，人才集聚会弱化生活成本对于区域创新能力的不利影响。

三、 变量设置与实证方法

（一）变量选择及定义

1. 被解释变量——区域创新能力（*Innov*）

现阶段，学术界对于区域创新能力的定量分析主要从区域创新投入和区域创新产出两个维度进行衡量。然而，考虑到区域创新投入可能会受到地区外包、盈余管理等因素的影响，以及现有公开数据库对于区域创新投入的统计仍存在较多错误与缺失，故认为区域创新投入统计指标的真实性有待考察。而区域创新产出，特别是区域专利数量，可以提供有关区域无形资产（即市场价值的必要信息），能够较好地反映区域的创新产出能力。基于此，本文从区域的专利申请数量（*Innov*1）和专利授权数量（*Innov*2）两个方面对区域创新能力展开探究。

2. 解释变量——人才集聚程度（*Talent*）

人才集聚程度（*Talent*）是本文关注的主要解释变量。参照郭鑫鑫和杨河清（2018）的做法，本文采用 18 岁以上人口中大专以上学历人口作为人才的衡量标准，以保持统计资料的一致性与完整性。为了反映人才的空间分布情况，本文借鉴区位熵的比较逻辑，采用如下公式对区域人才集聚程度进行计算：

$$Talent = \left(\frac{T_i}{P_i}\right) \Big/ \left(\frac{T}{P}\right)$$

式中，T_i表示区域 i 中 18 岁以上人口中大专以上学历人口，P_i表示区域 i 的总人口，故 T_i/P_i反映的是区域 i 的人才密度；T 表示各区域 18 岁以上人口中大专以上学历人口之和，P 表示各区域的总人口之和，故 T/P 反映的是总体的人才密度。*Talent* 指标越大，说明该区域的人才集聚程度越高。

3. 控制变量

立足于命题考察的需要，本文选取如下变量作为控制变量。

（1）区域经济特征变量。这一层面的变量包括反映区域经济发展水平的统计指标——人均 GDP，反映区域经济活跃程度的统计指标——外商直接投资额，以及反映区域经济产业结构的统计指标——第三产业增加值占 GDP 比重。已有研究表明，经济发展水平越高的地区，其创新能力往往越强（杨博旭等，2022）。而经济越活跃的地区，其外商直接投资额往往越高，区域创新和发展的机会也会越多（雷淑珍等，2021）。与此同时，区域产业结构能够反映一个地区的经济发展方式，对于区域创新能力具有较大的影响（卓乘风、邓峰，2018）。

（2）区域科技特征变量。这一层面的变量包括反映区域科技教育水平的统计指标——普通高等院校数量，反映区域科技支出水平的统计指标——地方财政科学技术支出，以及反映区域科技创新氛围的统计指标——技术市场成交额。现有研究表明，教育对于科技创新具有重要促进作用，特别是高等院校能够为区域创新营造良好的智力环境与文化氛围（石大千等，2020）。而科技创新特别是基础研究方面的创新，需要地方政府积极有为，保证地方财政在科研投入方面的支持力度（雷淑珍等，2021）。此

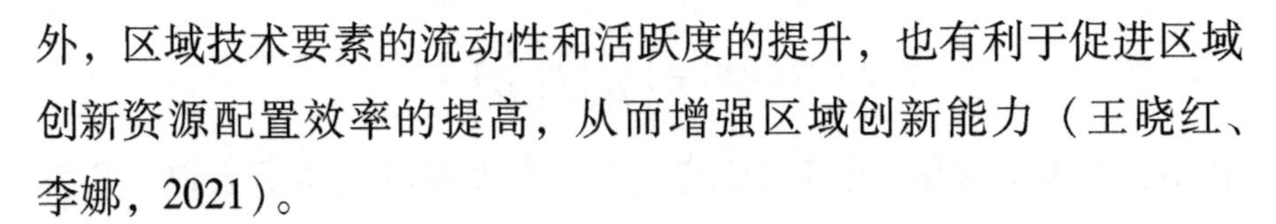

外，区域技术要素的流动性和活跃度的提升，也有利于促进区域创新资源配置效率的提高，从而增强区域创新能力（王晓红、李娜，2021）。

4. **数据来源与描述统计**

本文数据来源于《中国统计年鉴》和国家统计局官方网站。在数据选择方面，本文选择的是大陆地区除西藏外的 30 个省（市、自治区）在 2007—2014 年的数据。为确保数据分析的平稳性，本文数据均做对数化处理，变量中涉及价格的因素均以 2007 年为基期利用 GDP 平减指数进行折算处理。各变量的具体定义及其样本统计特征如表 2 所示。

表 2　变量设置与样本统计特征

变量类型	变量名称	变量符号	变量定义	样本量	均值	标准差
被解释变量	区域创新能力	*Innov*1	专利申请数量	240	9. 741	1. 528
		*Innov*2	专利授权数量	240	9. 133	1. 529
解释变量	人才集聚程度	*Talent*	区域人才密度与总体人才密度之比	240	0. 753	0. 321
	经济发展水平	*GDP*	人均 GDP	240	5. 769	0. 539
	经济活跃程度	*FDI*	外商直接投资额	240	7. 646	1. 365
控制变量	经济产业结构	*Struc*	第三产业增加值占 GDP 比重	240	0. 901	0. 178
	科技教育水平	*Edu*	普通高等院校数量	240	4. 195	0. 654
	科技支出水平	*Techn*	地方财政科学技术支出	240	3. 580	1. 036
	科技创新氛围	*Atmos*	技术市场成交额	240	3. 701	1. 712

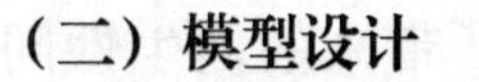

（二）模型设计

基于前文提出的假设 H1，本文构建如下计量模型进行检验：

$$Innov_{it} = \beta_0 + \beta_1 Talent_{it} + \sum \beta_j Control_{it} + \mu_i + \lambda_t + \varepsilon_{it} \qquad (1)$$

模型（1）中，被解释变量 *Innov* 代表区域创新能力；*Talent* 为解释变量，表示人才集聚程度；*Control* 为一系列控制变量，包括区域经济特征变量和区域科技特征变量；β 为回归系数，μ 用以控制省份固定效应，λ 用以控制年份固定效应，ε 为随机扰动项。根据前文提出的假设 H1，预期 $\beta_1 > 0$，即人才集聚程度越高，区域创新能力越强。

基于前文提出的假设 H2，本文构建如下计量模型进行检验：

$$Innov_{it} = \beta_0 + \beta_1 Talent_{it} + \beta_2 Talent_{it} \times Cost_{it} + \beta_3 Cost_{it} + \sum \beta_j Control_{it} + \mu_i + \lambda_t + \varepsilon_{it} \qquad (2)$$

模型（2）中，新增的变量 *Cost* 为区域生活成本的代理变量。借鉴郭鑫鑫和杨河清（2018）的做法，本文选取商品房平均销售价格与城镇居民可支配收入之比作为衡量区域生活成本的代理变量。$Talent \times Cost$ 是人才集聚程度与区域生活成本的交互项。根据前文提出的假设 H2，预期 $\beta_2 < 0$，即人才集聚能够弱化生活成本对于区域创新能力的不利影响。

（三）内生性分析

对于本文考察的命题，关注变量即区域的人才集聚程度可能是内生的。为克服由遗漏变量和反向因果所导致的内生性问题，本文采用面板固定效应模型和工具变量法进行估计。对于不随时间变化的遗漏变量，面板固定效应模型能够有效克服由此带来的内生性问题。而工具变量法既能够解决随时间变化的遗漏变量所带来的内生性问题，也能够克服反向因果所带来的内生性问题。在工具变量上，本文选取地区的博物馆参观人次作为工具变量。通常而言，一个地区的人才集聚程度越高，该区域的文化氛围往往会越浓厚，相应地会更加重视精神生活质量的提升，地区的博物馆参观人次也会更多，因此满足工具变量相关性的要求。与此同时，地区的博物馆参观人次取决于当地的文化条件，这种文化条件对于区域的创新氛围有所影响，但一般而言不会直接作用于区域的科技创新能力，故满足工具变量外生性的要求。基于此，使用地区的博物馆参观人次作为区域人才集聚程度的工具变量是合适的。

四、 实证结果与分析

（一）基准回归结果：假设 H1 的检验

首先，本文对工具变量的外生性进行检验。为验证其外生性，本文借鉴方颖和赵扬（2011）的方法，将工具变量与人才集聚变量同时对区域创新能力进行回归。如果工具变量仅通过人才集聚变量来影响区域创新能力，那么在控制人才集聚变量的情况下，工具变量应该对区域创新能力不具有显著影响。表 3 结果显示，在控制了人才集聚影响后，工具变量（地区的博物馆参观人次）对于区域创新能力没有显著影响，满足外生性要求。

表 3　工具变量外生性检验

变量	Innov1		Innov2	
Talent	0.752*** (0.084)	0.537*** (0.093)	0.607*** (0.082)	0.494*** (0.094)
Museum	0.012 (0.281)	0.015 (0.279)	0.016 (0.285)	0.019 (0.276)
控制变量		控制		控制
年份固定	控制	控制	控制	控制
省份固定	控制	控制	控制	控制
N	240	240	240	240
Adj R^2	0.774	0.791	0.778	0.784

注：(1) 括号里为聚类稳健标准误；(2) ***、**、* 分别表示双尾检验在1%、5%、10%下的统计水平显著。

在探讨人才集聚程度与区域创新能力的关系命题时，本文对区域的专利申请数量和专利授权数量两个指标分别进行回归，同时加入了必要的控制变量。表 4 分别报告了普通最小二乘法（OLS）、面板固定效应（FE）及面板固定效应加上工具变量（FE + IV）的估计结果。

表4结果显示，不论是采用专利申请数量（*Innov*1）还是采用专利授权数量（*Innov*2）来衡量区域创新能力，人才集聚程度（*Talent*）在第（1）列和第（4）列 *OLS* 的回归系数均在1%的统计水平上显著为正，初步说明人才集聚有助于提升区域创新能力。基于遗漏变量和反向因果问题所产生的潜在内生性偏误，表4的第（2）列和第（5）列报告了平衡面板固定效应的估计结果。人才集聚程度（*Talent*）在以专利申请数量（*Innov*1）来衡

量区域创新能力和以专利授权数量（*Innov*2）来衡量区域创新能力两种情形下，系数均为正且在1%的统计水平上显著。进一步证实了人才集聚程度越高，区域创新能力越强。表4的第（3）列和第（6）列报告的是面板固定效应加工具变量的估计结果。第一阶段的回归结果表明，地区的博物馆参观人次是区域人才集聚程度的一个有效工具变量。与此同时，总体回归结果显示，两种情形下的人才集聚程度（*Talent*）估计系数均在1%的统计水平上显著为正。上述回归结果表明，人才集聚显著提升了区域的科技创新能力，进而对地区经济发展发挥了积极作用，支持了假设H1。

关于控制变量对于区域创新能力的影响，表4报告的结果表明，区域经济特征变量（经济发展水平、经济活跃程度、经济产业结构）和区域科技特征变量（科技教育水平、科技支出水平、科技创新氛围）均对区域创新能力表现为正向促进作用。

表4　人才集聚程度与区域创新能力

变量	*Innov*1			*Innov*2		
	OLS	FE	FE + IV	OLS	FE	FE + IV
Talent	0.906***	0.554***	0.840***	0.953***	0.507***	0.893***
	(0.080)	(0.091)	(0.087)	(0.082)	(0.093)	(0.089)
GDP	0.292	0.864***	0.163	0.180	0.374	0.240
	(0.149)	(0.218)	(0.235)	(0.154)	(0.222)	(0.241)
FDI	0.165***	0.208**	0.074	0.162***	0.172**	0.078
	(0.041)	(0.063)	(0.055)	(0.042)	(0.064)	(0.056)
Struc	0.351	0.026	0.187	0.309	0.187	0.159
	(0.216)	(0.279)	(0.233)	(0.223)	(0.284)	(0.238)

续表4

变量	*Innov1*			*Innov2*		
	OLS	FE	FE + IV	OLS	FE	FE + IV
Edu	0.454*** (0.112)	0.092 (0.242)	0.669*** (0.143)	0.492*** (0.116)	0.487* (0.247)	0.690*** (0.147)
Techn	0.484** (0.167)	0.079 (0.246)	0.213 (0.321)	0.288 (0.172)	0.873*** (0.251)	0.353 (0.329)
Atmos	0.109*** (0.028)	0.001 (0.034)	0.110*** (0.029)	0.055 (0.029)	0.017 (0.034)	0.056 (0.030)
年份固定		控制	控制		控制	控制
地区固定		控制	控制		控制	控制
一阶段 *F* 值			148.748***			148.748***
工具变量 *T* 值			9.724***			9.724***
N	240	240	240	240	240	240
Adj R^2	0.727	0.707	0.722	0.723	0.702	0.718

注：(1) 括号里为聚类稳健标准误；(2) ***、**、* 分别表示双尾检验在1%、5%、10%下的统计水平显著。

（二）人才集聚与生活成本的交互影响：假设H2的检验

为进一步分析人才集聚程度与区域创新能力之间的关系，本文引入人才集聚与生活成本的交互影响，考察在纳入生活成本的考量下，人才集聚对于区域创新是否具有不同的影响效果。表5分别报告了引入区域生活成本变量后，普通最小二乘法（OLS）、面板固定效应（FE）以及面板固定效应加上工具变量（FE + IV）的估计结果。其中，人才集聚程度与区域生活成本的交互项（*Talent* × *Cost*）的回归系数是本文的主要关注对象。

表5结果显示，不论是采用专利申请数量（*Innov*1）还是采用专利授权数量（*Innov*2）来衡量区域创新能力，OLS、FE以及FE + IV三类模型中人才集聚程度（*Talent*）的回归系数均显著为正，区域生活成本（*Cost*）的回归系数均显著为负，同时人才集聚程度与区域生活成本的交互项（*Talent* × *Cost*）的回归系数均显著为负。估计结果说明，人才集聚提升了区域创新能力，而区域生活成本抑制了区域科技创新，但人才集聚能够逆向调节生活成本对于区域科技创新的抑制作用。该结果与预期一致，支持了假说H2。这一结果表明，人才集聚的过程可能面临集聚区域生活成本抬升问题，但集聚带来的规模效益能够有效对冲区域生活成本提高的不利影响，在一定程度上弥补区域生活成本提高所带来的区域创新激励被抑制的问题。这实际上是人才集聚促进区域经济发展的一个重要途径。此外，区域经济特征变量和区域科技特征变量两类控制变量的回归结果并未发生明显变化。

表5　人才集聚与生活成本对区域创新能力的交互影响

变量	*Innov*1			*Innov*2		
	OLS	FE	FE + IV	OLS	FE	FE + IV
Talent	0.490**	0.722***	0.877***	0.744***	0.853***	0.924***
	(0.176)	(0.162)	(0.088)	(0.183)	(0.160)	(0.092)
Talent × *Cost*	−0.307**	−0.230***	−0.165***	−0.251***	−0.288***	−0.174***
	(0.031)	(0.021)	(0.029)	(0.022)	(0.030)	(0.020)

续表 5

变量	*Innov1*			*Innov2*		
	OLS	FE	FE + IV	OLS	FE	FE + IV
Cost	−0.086*** (0.015)	−0.085*** (0.013)	−0.091*** (0.014)	−0.030*** (0.015)	−0.042*** (0.017)	−0.059*** (0.016)
GDP	0.151 (0.159)	0.945*** (0.226)	0.125 (0.219)	0.087 (0.165)	0.582* (0.225)	0.285 (0.230)
FDI	0.098 (0.053)	0.233*** (0.066)	0.030 (0.081)	0.108 (0.056)	0.230*** (0.065)	0.060 (0.085)
Struc	0.144 (0.263)	0.046 (0.287)	0.320 (0.347)	0.302 (0.273)	0.040 (0.285)	0.293 (0.365)
Edu	0.509*** (0.119)	0.052 (0.245)	0.706*** (0.154)	0.549*** (0.124)	0.418 (0.243)	0.786*** (0.162)
Techn	0.214 (0.195)	0.008 (0.252)	0.019 (0.024)	0.129 (0.203)	0.691** (0.250)	0.027 (0.020)
Atmos	0.133*** (0.029)	0.002 (0.252)	0.128*** (0.031)	0.064* (0.030)	0.016 (0.034)	0.073* (0.033)
年份固定		控制	控制		控制	控制
省份固定		控制	控制		控制	控制
一阶段 *F* 值			120.535***			120.535***
工具变量 *T* 值			5.440***			5.440***
N	240	240	240	240	240	240
Adj R^2	0.729	0.708	0.714	0.724	0.708	0.705

注：（1）括号里为聚类稳健标准误；（2）***、**、* 分别表示双尾检验在1%、5%、10%下的统计水平显著。

五、 异质性分析

复杂的地形、庞大的人口，兼之差异巨大的自然条件和要素禀赋，意味着我国不同区域的区位特征与发展规模区别明显。基于此，为了进一步考察人才集聚对于区域创新能力的作用机制，本文根据国家标准，从东、中、西的区域划分尺度视角，采用面板固定效应加上工具变量对我国不同区域人才集聚与其创新能力的影响结果进行比较分析，结果如表 6 所示。*Innov*1 列是针对东、中、西部三地区专利申请数量的回归结果，*Innov*2 列是针对东、中、西部三地区专利授权数量的回归结果。根据表 6 的估计结果，可以发现：人才集聚对于东部地区的科技创新能力促进作用最大，中部地区次之，西部地区影响最小。除了人才集聚对于西部地区专利授权数量的影响是在 5% 水平下显著外，其他地区所受影响均在 1% 水平下显著。工具变量第一阶段的回归结果表明，不同地区的博物馆参观人次是所在区域人才集聚程度的一个有效工具变量。此外，控制变量的回归结果并未发生明显变化。为验证分组回归结果的可比性，本文借鉴张正平和陈杨（2021）的方法，在控制解释变量的情况下，观察分组变量与解释变量的交互项对被解释变量是否具有显著影响。如果分组变量与解释变量的交互项系数显著，则说明分组回归后组间系数差异是显著的。表 7 结果显示，以中部地区为基准组，在控制人才集聚变量的情况下，地区分组变量与人才集聚变量的交互项（$East \times Talent$ 和 $West \times Talent$）系数显著，表明不同区域的异质性影响是显著的。上述估计结果表明，在经济更加发达的地区，人才集聚对于区域创新能力的促进作用更加明显。从全国统一大市场建设的视角来看，人才往经济发达地区集聚是市场“无形之手”在全国范围内高效配置资源的重要体现，对于经济社会总体创新水平的提升是有利的，有助于实现创新要素的规模效应和最优配置，更好地发挥发达地区的比较优势。而对于欠发达地区而言，其比较优势主要在农业、旅游及自然资源产业上，可在此类相关人才的集聚上下功夫。

表6　人才集聚程度与区域创新能力：东、中、西部三地区的比较

变量	*Innov1*			*Innov2*		
	东部	中部	西部	东部	中部	西部
Talent	0.843***	0.606***	0.552***	0.867***	0.509***	0.489**
	(0.095)	(0.091)	(0.092)	(0.182)	(0.142)	(0.173)
GDP	0.689**	0.290	0.686**	0.673*	0.405	0.356**
	(0.253)	(0.608)	(0.208)	(0.331)	(0.563)	(0.117)
FDI	0.189**	0.210**	0.184	0.120	0.147	0.372*
	(0.057)	(0.065)	(0.134)	(0.073)	(0.273)	(0.147)
Struc	0.292	0.211	0.434	0.307	0.189	0.647
	(0.913)	(0.651)	(0.543)	(0.225)	(0.291)	(0.555)
Edu	0.672*	0.533	0.085	0.824	0.475*	0.235
	(0.332)	(0.668)	(0.402)	(0.427)	(0.199)	(0.401)
Techn	0.391	0.894	0.302	0.900*	0.659	0.230
	(0.290)	(0.730)	(0.504)	(0.372)	(0.603)	(0.485)
Atmos	0.035	0.028	0.014	0.002	0.009	0.055
	(0.041)	(0.133)	(0.054)	(0.052)	(0.123)	(0.056)
年份固定	控制	控制	控制	控制	控制	控制
省份固定	控制	控制	控制	控制	控制	控制

续表6

变量	*Innov1*			*Innov2*		
	东部	中部	西部	东部	中部	西部
一阶段 *F* 值	99.389***	82.805***	133.816***	99.389***	82.805***	133.816***
工具变量 *T* 值	3.659***	2.783**	8.660***	3.659***	2.783**	8.660***
N	88	64	88	88	64	88
Adj R^2	0.687	0.658	0.708	0.711	0.645	0.710

注：(1) 括号里为聚类稳健标准误；(2) ***、**、* 分别表示双尾检验在1%、5%、10%下的统计水平显著。

表7　组间系数差异检验

变量	*Innov1*		*Innov2*	
Talent	0.588*** (0.099)	0.189** (0.065)	0.553*** (0.094)	0.462*** (0.097)
East × *Talent*	0.309** (0.029)		0.253*** (0.024)	
West × *Talent*		0.084*** (0.013)		0.032*** (0.016)
控制变量	控制	控制	控制	控制
年份固定	控制	控制	控制	控制
省份固定	控制	控制	控制	控制
N	240	240	240	240
Adj R^2	0.689	0.607	0.688	0.606

注：(1) 括号里为聚类稳健标准误；(2) ***、**、* 分别表示双尾检验在1%、5%、10%下的统计水平显著。

这一回归结果背后反映的正是市场的逻辑与区域创新能力的演变趋势。人才向经济发达的沿海地区和大城市不断集聚，是市场机制发挥作用的必然结果。2013 年党的十八届三中全会明确指出，“使市场在资源配置中起决定性作用”，市场在资源要素特别是生产要素的配置方面发挥着日益重要的作用。而市场作用的高效发挥，对于区域创新能力、创新要素配置效率的提升至关重要。表 8 展示了 2014—2021 年我国区域创新能力排名前 10 位的情况。从中可以发现，东部地区省份的创新能力最为突出，特别是北京、上海、广东、江苏四个地区一直占据着前4 位，已成为我国创新集聚中心。

表 8　2014—2021 我国区域创新能力排名前 10 位情况

排名	2014 年	2015 年	2016 年	2017 年	2018 年	2019 年	2020 年	2021 年
1	江苏	江苏	江苏	广东	广东	广东	广东	广东
2	广东	广东	广东	江苏	北京	北京	北京	北京
3	北京	北京	北京	北京	江苏	江苏	江苏	江苏
4	上海	上海	上海	上海	上海	上海	上海	上海
5	浙江	浙江	浙江	浙江	浙江	浙江	浙江	浙江
6	山东	山东	山东	山东	山东	山东	山东	山东
7	天津	天津	天津	天津	天津	重庆	湖北	湖北
8	重庆	重庆	重庆	重庆	重庆	湖北	安徽	安徽
9	安徽	安徽	安徽	湖北	湖北	天津	陕西	四川
10	湖北	福建	陕西	安徽	安徽	安徽	重庆	陕西

（资料来源：杨博旭、柳卸林、王宁：《中国区域创新能力时空演变和趋势分析》，载《科技管理研究》2022 年第 7 期，第 1 – 9 页。）

六、稳健性检验

为了确认上述实证分析结论的可靠性，本文对核心考察命题的估计结果进行了稳健性检验。考虑到人才集聚对于区域创新能力的影响可能存在时滞效应，本文将各个解释变量分别取滞后一期，然后采用面板固定效应加上工具变量对我国东、中、西部三个地区的数据分别进行回归，以进一步检验稳健性，具体结果见表9。从表9的估计结果可以看出，核心解释变量人才集聚程度对于区域创新能力的影响系数均显著为正，并且在不同区域的作用效果也与异质性分析的结论一致，即人才集聚对于东部地区的科技创新能力影响最大，中部地区次之，西部地区影响最小。工具变量第一阶段估计结果依然显著。此外，控制变量的系数大小与方向均未发生显著改变。因此，检验结果和前面实证分析结论一致，表明本文估计结果具有较强的稳健性。

表9　稳健性检验结果

变量	*Innov1*			*Innov2*		
	东部	中部	西部	东部	中部	西部
Talent	0.944***	0.724**	0.554*	0.655**	0.629**	0.492**
	(0.261)	(0.228)	(0.231)	(0.219)	(0.211)	(0.174)
GDP	0.397*	0.098	0.688**	0.364	0.237	0.358**
	(0.162)	(0.630)	(0.207)	(0.352)	(0.580)	(0.115)
FDI	0.232***	0.137	0.181	0.194*	0.223	0.079
	(0.057)	(0.293)	(0.163)	(0.076)	(0.270)	(0.058)

续表 9

变量	*Innov1*			*Innov2*		
	东部	中部	西部	东部	中部	西部
Struc	0.231 (0.482)	0.494 (0.749)	0.334 (0.618)	0.331 (0.650)	0.620 (0.690)	0.149 (0.236)
Edu	0.715* (0.323)	0.820 (0.675)	0.257 (0.447)	0.903* (0.436)	0.476* (0.197)	0.399 (0.347)
Techn	0.375 (0.289)	0.895 (0.728)	0.482 (0.539)	0.871* (0.390)	0.657 (0.605)	0.107 (0.179)
Atmos	0.056 (0.043)	0.069 (0.136)	0.039 (0.062)	0.037 (0.059)	0.002 (0.125)	0.038 (0.047)
年份固定	控制	控制	控制	控制	控制	控制
省份固定	控制	控制	控制	控制	控制	控制
一阶段 *F* 值	93.673***	68.050***	100.529***	93.673***	68.050***	100.529***
工具变量 *T* 值	4.310***	3.311**	8.060***	4.310***	3.311**	8.060***
N	77	56	77	77	56	77
Adj R^2	0.734	0.695	0.686	0.731	0.721	0.685

注：(1) 括号里为聚类稳健标准误；(2) ***、**、* 分别表示双尾检验在1%、5%、10%下的统计水平显著。

七、结论与启示

许多文献证实了人口规模对于区域经济发展的重要作用，却少有研究关注人口集聚对于区域创新能力的影响，特别是人才集聚作为人口集聚的重要表现形式对于区域创新能力的影响。为此，本文从人才空间分布的视角出发，基于2007—2014年我国30个省（市、自治区）数据，结合面板固定效应模型、工具变量法等方法，探究了人才集聚对于区域创新能力的影响。研究结果表明：人才集聚显著提高了区域创新能力，即人才集聚程度越高，区域创新能力越强。在此基础上，从区域生活成本这一维度对人才集聚影响区域创新能力的作用机理进行更为深入的分析，发现人才集聚能够逆向调节生活成本对于区域创新的抑制作用。这实际上反映了人才集聚促进区域经济发展的一个重要途径，即人才集聚能够在一定程度上弥补区域生活成本抬升所带来的区域创新激励被抑制的问题。此外，本文通过对东、中、西三地区的比较分析，发现在经济更加发达的地区，人才集聚对于区域创新能力的促进作用更加明显。本文的研究结果，对于区域创新探索实践和区域经济平衡建设，具有如下政策参考意义。

其一，在观念上，对于我国区域经济发展的认识，应从以“地”为本转向以“人”为本，也就是区域经济的科学建设，不是致力于追求生产力和生产要素的均匀分布，而是要重视和遵循市场经济客观规律包括人口流动规律，并着眼于此进行区域经济的合理布局。区域创新能力作为区域经济布局的重要组成部分，其建设也应遵循人口流动规律（特别是人才流动规律）来进行。2019年8月，中央财经委员会第五次会议提出，“要按照客观经济规律调整完善区域政策体系，发挥各地区比较优势，促进各类要素合理流动和高效集聚”。应当认识到，人才向经济发达的沿海地区和大城市不断集聚，是市场机制发挥作用的必然结果。而市场化建设仍然是未来中国经济发展的大势所趋。人口和人才集聚背后反映的是人民对于美好生活的向往，因此，通过人口调控方式来治理“城市病”实际上是得不偿失的，不如从供给侧改革的思路出发，为人口和人才流入地的土地供应、基础设施以及公共服务优化谋篇布局，有利于为发达地区的经济建设与科技创新营造更加适宜的发展环境。对于人口和人才流出地而言，关键在于实行有区分的、基于各自比较优势的发展政策，从而盘活欠发达地区的创新资源，并引入符合本地比较优势建设的相关人才。

其二，在制度上，对于我国区域经济发展的推进，应立足全国统一大市场建设，加快改革以破除各类体制机制障碍。2022年4月，《中共中央　国务院关于加快建设全国统一大市场的意见》发布，其要求“健全统一规范的人力资源市场体系，促进劳动力、人才跨地区顺畅流动”。劳动力、人才跨地区自由流动是实现资源要素包括创新要素高效配置的重要保证，也是建设全国统一大市场的必然要求。2020年4月，国务院发布《关于构建更加完善的要素市场化配置体制机制的意见》，要求“建立城镇教育、就业创业、医疗卫生等基本公共服务与常住人口挂钩机制，推动公共资源按常住人口规模配置”。因此，未来应着力打破市场分割和区域壁垒，深化户籍制度改革，实现流动人才能够在所在就业、居住和纳税的区域，平等享受公共服务与社会保障。此外，2016年的《政府工作报告》首次提出建立健全“人地钱”挂钩政策。未来仍应对此进行积极探索，大力推进“地随人走、钱随人走”，通过建设用地指标的跨省交易和调配，降低人才集聚地区的生活成本，有助于顺应不同区域比较优势，满足不同地区发展需求，进而完善区域人才环境建设，筑牢全国统一大市场的建设根基。

参考文献

[1] 陈大峰，闫周府，王文鹏．城市人口规模、产业集聚模式与城市创新：来自271个地级及以上城市的经验证据［J］．中国人口科学，2020（5）：27－40，126.

[2] 方颖，赵扬．寻找制度的工具变量：估计产权保护对中国经济增长的贡献［J］．经济研究，2011，46（5）：138－148.

[3] 高琳，高伟华．竞争效应抑或规模效应：辖区细碎对城市长期经济增长的影响［J］．管理世界，2018，34（12）：67－80.

[4] 郭金花，郭檬楠，郭淑芬．中国城市科技人才集聚促进了全要素生产率增长吗：来自285个地级市的经验研究［J］．科技进步与对策，2021，38（7）：48－55.

[5] 郭鑫鑫，杨河清．中国省际人才分布影响因素的实证研究［J］．人口与经济，2018（3）：47－55.

[6] 雷淑珍，高煜，刘振清．政府财政干预、异质性FDI与区域创新能力［J］．科研管理，2021，42（2）：40－51.

[7] 刘厚莲．我国特大城市人口调控格局构建研究［J］．学习与实践，2018（4）：65－73.

[8] 刘兰剑，滕颖．提高科技创新水平依靠技术效率还是规模效应?：来自中国与OECD国家的测度研究［J］．科学学与科学技术管理，2020，41（7）：50－61.

[9] 陆铭，李杰伟，韩立彬．治理城市病：如何实现增长、宜居与和谐?［J］．经济社会体制比较，2019（1）：22－29，115.

[10] 陆铭，李鹏飞，钟辉勇. 发展与平衡的新时代：新中国 70 年的空间政治经济学 [J]. 管理世界，2019，35 (10)：11-23.

[11] 陆铭. 城市、区域和国家发展：空间政治经济学的现在与未来 [J]. 经济学（季刊），2017，16 (4)：1499-1532.

[12] 陆铭. 人口疏解未必是城市发展的必经之路 [J]. 人民论坛，2020 (21)：68-72.

[13] 苗峻玮，冯华. 集聚效应是否推动了区域高质量发展：以长三角城市群为例 [J]. 经济问题探索，2021 (2)：100-110.

[14] 石大千，张琴，刘建江. 高校扩招对区域创新能力的影响：机制与实证 [J]. 科研管理，2020，41 (3)：83-90.

[15] 史梦昱，沈坤荣. 人才集聚、产业集聚对区域经济增长的影响：基于非线性、共轭驱动和空间外溢效应的研究 [J]. 经济与管理研究，2021，42 (7)：94-107.

[16] 宋跃刚，杜江. 制度变迁、OFDI 逆向技术溢出与区域技术创新 [J]. 世界经济研究，2015 (9)：60-73.

[17] 童玉芬. 中国特大城市的人口调控：理论分析与思考 [J]. 人口研究，2018，42 (4)：3-13.

[18] 王峤，刘修岩，李迎成. 空间结构、城市规模与中国城市的创新绩效 [J]. 中国工业经济，2021 (5)：114-132.

[19] 王书华，姚璐. 金融供给对区域创新能力影响的空间效益分析：基于“中心—外围”式的研究视角 [J]. 经济问题探索，2022 (4)：127-141.

[20] 王晓红，李娜. 企业创新需求、高校技术转移与区域创新能力：高校科研能力的调节作用 [J]. 软科学，2021，35 (12)：1-6.

[21] 王垚，年猛，王春华. 产业结构、最优规模与中国城市化路径选择 [J]. 经济学（季刊），2017，16 (2)：441-462.

[22] 王智勇. 特大城市人口调控的再思考 [J]. 北京工业大学学报（社会科学版），2019，19 (2)：25-35.

[23] 颜色，郭凯明，杭静．中国人口红利与产业结构转型［J］．管理世界，2022，38（4）：15－33．

[24] 杨博旭，柳卸林，王宁．中国区域创新能力时空演变和趋势分析［J］．科技管理研究，2022，42（7）：1－9．

[25] 张正平，陈杨．人口老龄化影响我国数字普惠金融的发展吗?：基于2011—2018年省级面板数据的实证检验［J］．财经论丛，2021（11）：47－57．

[26] 郑怡林，陆铭．大城市更不环保吗?：基于规模效应与同群效应的分析［J］．复旦学报（社会科学版），2018，60（1）：133－144．

[27] 卓乘风，邓峰．人口老龄化、区域创新与产业结构升级［J］．人口与经济，2018（1）：48－60．

[28] Anas A. Why are urban travel times so stable?［J］. Journal of regional science. 2014，55（2）：230－261.